AF150577

H Liebhart

Jugend-harfe

eine Sammlung von 93 Melodien und 156 Liedern für Schule und Haus

H Liebhart

Jugend-harfe
eine Sammlung von 93 Melodien und 156 Liedern für Schule und Haus

ISBN/EAN: 9783743645875

Hergestellt in Europa, USA, Kanada, Australien, Japan

Cover: Foto ©Thomas Meinert / pixelio.de

Weitere Bücher finden Sie auf **www.hansebooks.com**

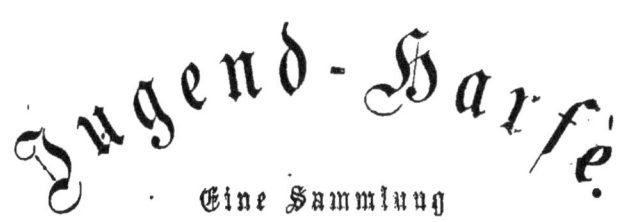

Jugend-Harfe.

Eine Sammlung

von

93 Melodien und 156 Liedern

für

Schule und Haus.

Bearbeitet

von

H. Liebhart,

Editor der Sonntagschul-Glocke.

Das 30ste Tausend. Neueste, verbesserte Auflage.

Alles, was Odem hat, lobe den Herrn.

Cincinnati, Chicago und St. Louis:
Hitchcock & Walden.

Jugend-Harfe.

Eine

Sammlung

von

93 Melodien und 156 Liedern

für

Schule und Haus.

Bearbeitet

von

H. Liebhart,

Editor der Sonntagschul-Glocke.

Das 30ste Tausend. Neueste, verbesserte Auflage.

Alles, was Odem hat, lobe den Herrn!

Cincinnati, Chicago und St. Louis:
Hitchcock & Walden.
New-York: Nelson & Phillips.

Vorwort.

Dieses Büchlein wurde auf das Verlangen vieler Jugend- und Schulfreunde herausgegeben, die das Bedürfniß einer Sammlung erkannten, die nicht blos Lieder, sondern auch anziehende, zwei- und mehrstimmige Melodien enthält. In wie weit den Erwartungen entsprochen worden ist, kommt nicht mir zu anzudeuten, sondern dies muß sich durch die Aufnahme, welche die Jugend-Harfe findet, zeigen. Nur sei bemerkt, daß mit dieser Sammlung schon vor mehr als einem Jahr begonnen wurde und dieselbe also nicht in oberflächlicher, übereilter Weise zu Stande kam. Auch wurde, um Einseitigkeit zu vermeiden, nicht nur eine Menge deutscher und englischer derartige Liederbücher ge- prüft und theilweise benutzt, sondern es hat sich auch eine Anzahl Musikkenner und Jugendfreunde, unter welchen ich nur Rev. J. A. Reitz, Booneville, Mo., Herrn Lehrer S. Wüst, Chicago, Ill., und Herrn A. Sauer, Professor der Musik an der Warrenton Lehranstalt, Mo., nenne, als willkommene und tüchtige Mitarbeiter Dank und Anerkennung verdient.

Das Ziel, das mir bei der Sammlung dieser Melodien und Lieder vor Augen schwebte, war, auf den gegebenen Raum so viel Musik und Text als möglich in solcher Mannigfaltigkeit zusammen zu drängen, daß den Bedürfnissen sowohl als dem verschie- denen Geschmack so weit als möglich entsprochen werde. Es war die Absicht, ein Büch- lein zu schaffen, das nicht allein allgemein in den Sonntagschulen (nicht nur für Sing- übungen und bei besonderen Gelegenheiten) gebraucht werden könne, sondern das auch in christlichen Schulen und Familien eine freundliche Aufnahme finde und Nutzen schaffe. Deshalb wurde Altes und Neues benutzt; der reiche Lieder- und Melodien- schatz des alten Vaterlandes lieferte manchen Beitrag; die englisch-amerikanische Musik durfte schon wegen der bei der Jugend so beliebten sogenannten Chöre nicht übersehen werden. Viel Sorgfalt wurde darauf verwendet, daß die Jugend-Harfe für die ver- schiedenen Gelegenheiten in Schule und Haus, für verschiedene Zeiten, Feste, Umstände u. s. w. sowohl, als für verschiedene Gemüthsstimmungen etwas Entsprechendes biete und ein treuer Gefährte aller jugendlichen und auch älterer Sänger werde.

Natürlich konnte nicht alles Gute und Schöne auf so beschränktem Raum einen Platz finden und manche werthvolle Lieder mußten zurückgelegt werden, um vielleicht weniger werthvolleren Platz zu machen, damit die verschiedenen Rubriken hinlänglich vertreten seien und die Mannigfaltigkeit nicht beeinträchtigt werde. Innerhalb dieser Schranken jedoch wurde keine Mühe gescheut, die sorgfältigste Auswahl zu treffen. Die Lieder dem Inhalt, oder die Melodien dem Versmaß nach folgen zu lassen, war un- möglich, weil das beständige Umwenden, welches schon beim Singen, namentlich aber beim Spielen sehr unbequem ist, verhütet werden mußte, was, hätte man sich bei der Aufeinanderfolge durch andere Rücksichten leiten lassen, nicht hätte vermieden werden können. Dieser Umstand wird wohl nicht als ein Mangel, sondern als ein Vorzug dieses Büchleins bezeichnet werden und in den verschiedenen Registern sind die betreffen- den Lieder und Melodien leicht zu finden.

So möge denn die „Jugend-Harfe" dazu beitragen, den Gesang in den Sonntag- Schulen und Schulen zu heben; möge sie sich in vielen christlichen Familien einbürgern und neben andern Zwecken namentlich auch ächte Frömmigkeit und Tugend bei Jung und Alt befördern helfen.

Cincinnati, im April 1867.

H. Liebhart.

Entered according to Act of Congress, in the year 1867, by Poe & Hitchcock, in the Clerk's Office of the U. S. District Court, for the Southern District of Ohio.

Jugend-Harfe.

Festgesang. (P. M. 57, 85, 57, 85, 88, 65.)

1. O kommt, fröh - lich singt, Wer woll - te heut nicht sin - gen, Aus
Die Fest - psal - men bringt, Bis Herz und Zung' er - klin - gen, Dein

lob- und dank-er - füll - ter Brust? O kommt, fröh - lich singt!}
Gott, der uns aus rei - ner Lust Den Fest - tag ge - schenkt.} Mit

jun - gen Zun - gen stim - men wir Ge - trost ein Hal - le-

lu - jah Dir, In heil' - ger Fei - er hier: O kommt, fröh - lich singt!

2. In fröhlichem Chor
Laßt Kindeszungen glühen
Mit Festesliedern, hell und klar,
Dem Heiland der Welt.
Kam Er doch zuvor,
Das zarte Herz zu ziehen:
Die Lämmlein Er an Seiner Brust
Erbarmend erhält.
Die Jugend, fröhlich, sammt dem Greis,
Besinge heut des Heilands Preis,
Und wer zu singen weiß,
In fröhlichem Chor.

3. Es rausche der Schall
Von diesem frohen Tage
Durch Erd' und Himmel fort und fort,
Durch Berg und durch Thal,
Sein heiliger Hall
Stets himmelwärts uns trage,
Entzünde unsre Lieder dort
Im festlichen Saal.
Dann stimmen wir von Sünden rein,
Mit Seligen und Engeln ein:
„Sei Lob und Preis allein
Dir, Herr, überall!"

Der Mahnruf.

Gemäßigt.   (P. M. 76, 86, 76, 86.)

mf

1. Es glänzt in Him-mels-fer-nen   Die schö - ne Hei - math mein;
2. Die Sel'-gen dor-ten sin-gen   Dem Lam-me auf dem Thron;
3. Gern werb auch ich ein-stim-men   In den Tri - umph - ge - sang,

1. Es ist des lie-ben Va-ters Haus, Wo e-wig ich soll seyn.
2. Und kei-nes schweigt, nein je-de Harf' Er-höht den Ju-bel - ton.
3. Wenn Kampf und Thrän' sich wan-deln wird In ew'-gen Ju-bel - klang.

Chor.

Horch, horch! ich hö-re Stimmen: „Komm, zög-re län-ger nicht!"

O, hört ihr nicht den Mah-ne-ruf: „Steh auf und eil zum Licht!"

Der beste Kinderfreund.

(C. M. Doppelt.)

1. Wie gut muß doch der Hei-land sein, Daß Er vom Him-mel kam,
2. Er kommt noch im-mer für und für, Und klopft bald stark, bald fein
3. Wir kön-nen zwar den Hei-land nicht Mit un-sern Au-gen sehn;
4. Du al-ler-be-ster Kin-derfreund, Komm jetzt zu uns her-ein,

1. Und als ein Kind wie wir so klein die Knechtsge-stalt an-nahm! Wie
2. An uns-res klei-nen Her-zens Thür Und kehrt gern bei uns ein. Da
3. Doch fin-den wir im Glaubens-licht Sein Ant-litz himm-lisch schön. Das
4. Daß Al-le, die hier sind ver-eint, Sich Dei-ner Lie-be freun. Be-

1. hat Er gar um uns ge-weint Und starb an uns-rer Statt. Er ist
2. mer-ket Er auf uns-re Bitt' Und winkt uns freund-lich zu; Dann theilt
3. leuch-tet mild auf uns her-ab Von sei-nes Va-ters Thron, Und zeigt
4. rei-te Dir durch un-sern Mund Ein Lob vor al-ler Welt, So thun

1. der be-ste Kin-der-freund, Den's je ge-ge-ben hat.
2. Er Him-mels-ga-ben mit, Und schenkt uns sü-ße Ruh'.
3. uns, wie nach Tod und Grab Uns winkt die ew'-ge Kron'.
4. wir Dei-ne Lie-be kund, Wie es Dir wohl-ge-fällt.

Das Gebot der Liebe.

(P. P. M. 76, 76, 76, 76.)

Etwas langsam.

dolce.

1. Gab uns Gott nicht reich'-res Loos, Als den an-dern Kin-dern,
2. Seht, dort schleicht der Kran-ke schon Wan-kend hin zum Gra-be:
3. Se-lig, wer des Ar-men Noth, Zu er-leich-tern ei-let,

dolce.

cresc.

1. Brü-der-e-lend ist so groß, Soll-ten wir's nicht mil-dern?
2. Wei-nend sieht er, Got-tes Lohn Eu-rer from-men Ga-be!
3. Wer mit Hung-ri-gen sein Brod Oh-ne Zau-dern thei-let!

cresc.

dolce.

1. Folgt dar-um des Va-ters Ruf Frei aus Her-zens-trie-be,
2. Hört, wie sei-ne Stim-me bebt, Schaut, sein Blick wird trü-ber!
3. Denn der ban-ge Schmerzensmann, Den wir trö-stend pfle-gen,

dolce.

mf　　*pf*

1. Der zu Ei-nem Zweck uns schuf; Sein Ge-bot ist Lie-be.
2. Und mit Se-gens-wün-schen schwebt Er ver-klärt hin-ü-ber.
3. Kommt uns froh als En-gel dann Ue-berm Grab ent-ge-gen.

mf　　*pf*

Winterlied.

Mel. Das Gebot der Liebe.

1. Jauchze, wenn der Frühling weckt!
Aber laßt dem Winter
Auch sein Gutes, denn es steckt
Wahrlich was dahinter.
Lange Tage sind wohl gut,
Doch die kurzen geben
Rasche Beine, warmes Blut,
Eßlust auch daneben.

2. Seht, im Sommer hängt das Kinn
Müd' und matt herunter;
Winterluft macht Herz und Sinn
Herzlich wach und munter.

Blumenflor und Sonnenschein
Sind zwar schöne Sachen,
Und der Sommer weiß sich fein
Breit damit zu machen.

3. Doch weiß auch der Januar
Blumen aufzutreiben;
Künstlich wachsen sie sogar
An den Fensterscheiben.
Drum den Winter auch geliebt,
Wie ihn Gott gegeben!
Was der liebe Gott uns gibt,
Dient zum frohen Leben.

Einladung zum Gesang.

Fröhlich. (P. C. M.)

1. Hin zu dem trau-li-chen Krei-se, Sän-ger und Sän-ge-rin!
2. Wahrlich ein fröh-li-ches Sin-gen Oeff-net des Freun-des Herz;
3. O daß der Hei-land dies Ei-ne Gnä-dig-lich uns ver-lieh:

1. Hin, wo in lieb-li-cher Wei-se Rau-schen die Har-mo-nie'n,
2. So mit den ro-si-gen Schwingen Flie-get es him-mel-wärts,
3. Un-se-rem Ju-gend-ver-ei-ne Dau-ern-de Har-mo-nie!

Chor.

1. Hin, wo in lieb-li-cher Wei-se, Rauschen die Har-mo-nie'n.
2. So mit den ro-si-gen Schwin-gen Flie-get es him-mel-wärts.
3. Un-se-rem Ju-gend-ver-ei-ne Dau-ern-de Har-mo-nie!

Chor.

Bundeslied der Schüler.

Fröhlich. (P. M. 87, 87, 87, 87.)

1. Va - ter, Dir sey die - se Stun-de Und auch un - ser Herz ge - weiht,
2. Wohl - zu - thun und mit - zu - thei - len Wol - len wir ver - ges - sen nicht;
3. Drum, o Va - ter, wir jetzt brin - gen Un - sern Preis und un - sern Dank,

1. Mit Dir ste - hen wir im Bun - de Für die gan - ze Le - bens - zeit.
2. In dem Thal der De - muth wei - len, Wis - sen wir, ist Chri - sten - pflicht.
3. Bis wir dort mit En - geln sin - gen E - wig un - sern Lob - ge - sang.

1. Tu - gend wol - len wir stets lie - ben, Freundlich ge - gen Je - den sein,
2. Stets sei un - ser Ziel und Stre - ben Treu - e und Wahr - haf - tig - keit;
3. Ja im Him - mel wer - den woh - nen Wir bei Dem, der „Lie - be" heißt,

1. Wol - len uns im Glau - ben ü - ben Und in Hoff - nung uns er - freun.
2. Her - zens - rein - heit, rei - nes Le - ben Si - chert dann Un - sterb - lich - keit.
3. Wer - fen nie - der uns - re Kronen Vor dem Va - ter, Sohn und Geist.

Wer soll singen?

Mel. Bundeslied der Schüler.

1. Wer soll singen, wenn nicht Kinder,
Starb nicht Jesus auch für sie?
Und in seiner Siegeskrone
Strahlen dermaleinst auch sie.

Warum gab er ihnen Stimmen
Wie den Vögeln süß und klar,
Wenn sie nicht ihm sollten bringen
Ihre Lobgesänge dar?

2. Droben ift ein Chor der Kinder,
Stehend vor des Heilands Thron;
Engel lauschen, denn das Lied ift
Süßer als ihr eigner Ton!
Glaube hört die Himmelstöne,
Wenn das Ohr auch noch entfernt,
Sind dies nicht dieselben Weisen,
Die auf Erden sie gelernt?

3. Als auf Erden Jesus wallte,
Liebte er die Kinder sehr;
Da er nun im Himmel wohnet,
Sollt er lieben sie nicht mehr?
Laßt sie singen — sich ergötzen —
Niemals singen sie zu früh.
Preist die Schöpfung doch den Höchsten,
Warum sollten nicht auch sie?

Kindesliebe.

Mel. Bundeslied der Schüler.

1. Meine Mutter sollt' ich lieben,
Sie, die mich zuerst geliebt;
Niemals sollt' ich sie betrüben,
Die mir so viel Gutes gibt.
Als ich war ein kleines Kindlein,
Macht ich ihr viel Müh und Schmerz;
Und in manchem trüben Stündlein
Drückte sie mich an ihr Herz.

2. Was macht meine Heimath dorten
Stets so voller Freud' und Licht?
Weil ich da an allen Orten
Seh' der Mutter Angesicht.

Welcher Ton ist's, der mich immer
Glücklich und zufrieden macht?
Den ich werd' vergessen nimmer —
Ah, es ist die Muttersprach'.

3. Meine Eltern sollt ich lieben,
Dies befiehlt mir Gottes Wort;
Und mich im Gehorsam üben
Ueberall an jedem Ort.
Dann schenkt Gott mir seinen Segen,
Meine Arbeit soll gedeih'n;
Und er wird auf allen Wegen
Stets mein treuer Führer seyn.

Die Liebe Gottes.

(P. M. 65, 65.)

Mäßig.

1. Got - tes sü - ße Lie - be, Got - tes Va - ter - herz
2. Un - ten sind nur Thrä - nen, Ist nur ei - tel Trug,
3. Un - ten ist nur Mü - he, Wenn's am be - sten ist,
4. O du rei - che Quel - le, Brun - nen je - der Lust,

1. Zie - hen mei - ne Trie - be Al - le him - mel - wärts.
2. Un - ge - stil - tes Seh - nen Täu-schung nur und Lug.
3. Ha - ber spät und frü - he, Daß man dein ver - gißt.
4. Ma - che mir es hel - le, Hell in Aug' und Brust.

Das Jesus = Kind.

Mel. Die Liebe Gottes.

1. Seht! hier in der Krippen
Liegt ein holdes Kind,
Dessen zarte Lippen
Noch geschlossen sind.

2. Wie die Hirten eilen
Von dem Felde her,
Und die Freude theilen
Mit dem Engel=Heer!

3. Knien vor dem Kinde,
Das ihr Heiland ist;

Predigen geschwinde
In der Nacht den Christ.

4. „Euch ist heut geboren,
Den die Schrift verheißt.
Oeffnet Mund und Ohren!
Gottes Wunder preist!"

5. Kindlein, meine Freude!
Komm und mach mich fromm;
Daß ich, wenn ich scheide,
Auch in Himmel komm!

Dein Beruf.

(P. M. 87, 87, 87, 87.) By permission of PHILIP PHILLIPS.

Mäßig.

1. Kannst du nicht auf je - dem Mee - re In dem
2. Bist du auch zu müd' zum Wandern Auf die
3. Hast du auch kein Gold und Sil - ber, Das du
4. Heim - fest du auch in der Ern - te Nicht die

1. schnell - sten Fahr - zeug sein; Durch die höch - sten Wel - len glei - tend, Dich so-
2. Ber - ge steil und hoch; Kannst du doch im Tha - le ste - ben, Wo die
3. fröh - lich ge - ben kannst; Sie - hest du auch man-chen Ar - men, Dem du
4. reich - sten Gar - ten ein; So kannst du mit Ruth die Aeh - ren Von dem

1. gar im Stur-me freu'n, Kannst du den-noch den Ma-tro-sen, Die am
2. Men-schen-mas-se wogt; Fröh-lich da bein Lied an-stim-men, Wo Zehn-
3. gar nicht hel-fen kannst, So be-su-che je-nen Kran-ken, Dem Ver-
4. Bo-den le-sen rein. Su-che un-ter je-nen Dor-nen, Die zer-

dim.

ritard.

1. Land noch thä-tig sind, Freundlich bei-ne Hän-de bie-ten, Bis sie
2. tau-send ziehn ent-lang; Ach-ten sie auch nicht des Sän-gers, Freu-et
3. ir-ten ge-he nach; Denn ein wah-rer Jün-ger Chri-sti Scheut sich
4. streut am Zau-ne stehn. Denn es mag selbst un-ter ih-nen Man-cher

pp   pp   rall.

1. se-gel-fer-tig sind; Bis sie se-gel-fer-tig sind.
2. sie doch der Ge-sang; Freu-et sie doch der Ge-sang.
3. nicht vor Kreuz und Schmach; Scheut sich nicht vor Kreuz und Schmach.
4. gold-ne Hal-men stehn; Man-cher gold-ne Hal-men stehn.

5. Kannst du nicht in jedem Streite
Stehen in den vordern Reih'n;
Noch am dichtsten Kampfgewühle
Immerdar betheiligt sein;
Kannst du doch mit leisem Tritte
Zu dem Sterbenden hingehen,
Ihm ins Ohr ein Trostwort flüstern,
Ihm als Freund zur Seite stehn.

6. Stehe deshalb niemals wartend,
Bis ein größ'res Werk zu thun.
Glück ist eine träge Göttin,
Nie kommt sie zu dir heran,
Geh' in irgend einen Weinberg,
Sei nicht lange in der Wahl;
Wenn du wirklich Arbeit wünschest,
Findest du sie überall!

Dem Herrn geweiht.

1. Dem Her - ren mei - ne Klaf - fe, Der ihr auch Heil er - warb, Und
Chor. Dem Her - ren mei - ne Klaf - fe, Der ihr auch Heil er - warb, Unt

FINE.

zahlt die Sün - ben - fchuld für fie, Als Er am Kreu - ze ftarb.
zahlt die Sün - ben - fchuld für fie, Als Er am Kreu - ze ftarb.

Chor.

Nur we - nig, lie - ber Hei - land, Kann ich, weil fchwach ich bin. O

D. C.

laß mich die - fe Kin - der - fchaar Zum Kreu - ze füh - ren hin.

2. Dem Herren meine Klaffe
   Jetzt in des Lebens Mai,
   Eh' Leiden ihren Pfad umbrauft,
   Und Trübfal mancherlei.
   Weil noch der Morgen lächelt,
   Des Lebens Blüthezeit,
   Laß Schätze reichlich fammeln fie
   Für jene Ewigkeit. [Chor.

3. Dem Herrn die ganze Klaffe!
   Laß keins verloren gehn,
   Laß fie durch deines Blutes Kraft
   Verklärt einft vor dir ftehn.
   Ein leichtes Lüftchen wehet
   Gar oft den Schleier ab,
   Was heute lacht und rofig blüht,
   Füllt morgen gar das Grab. [Chor.

Ergebung.

Innig. (P. M. 67, 88, 7.)

1. Ue - ber Nacht, Ue - ber Nacht, Fällt ein Thau so kühl und
2. Ue - ber Nacht, Ue - ber Nacht, Blüht ein Blüm-lein still und

1. sacht! Wo die wel - ken Blümlein ni - cken Wird ihn Got - tes
2. sacht! Ist der Mor - gen auf - ge - gan - gen, Wird's im hel - len

1. Lie - be schi - cken, Lei - se, lin - dernd, kühl und sacht.
2. Glan - ze pran - gen Und die fro - he See - le lacht.

3. Wie Gott will. Wie Gott will,
Blume halt dem Gärtner still';
Kommen trübe Thränenschauer,
Blume nicht vergeh' in Trauer,
Deines Morgens denke still.

4. Wie Gott will, Wie Gott will,
Halt ich auch dem Gärtner still';
Ich, die Blum' in Gottes Garten,
Will den Segen still erwarten,
Bebe nicht und hoffe still.

Himmelwärts.

Mel. Ergebung.

1. Himmelwärts, Himmelwärts,
Eilt im Sehnsuchtsflug mein Herz.
Ach in keine Erdenzone —
Nein, zu meines Gottes Throne
Zieht mich tiefer Heimwehschmerz.

2. Heimathswehn, Heimathswehn,
Säuselnd von den ew'gen Höhn —
Du erquickst den Kampfesmüden,
Der sich sehnt zum ew'gen Frieden
In die Ruhe einzugehn.

3. Dürft' ich ziehn! Dürft' ich ziehn!
Dürft' ich jetzt schon schauen Ihn,

Der mich liebt — an den ich glaube —
Und entfesselt aus dem Staube
In die ew'ge Freistatt fliehn.

4. Herrlichkeit! Herrlichkeit!
Ach, was ist der kurze Streit
Gegen beine ew'gen Freuden!
Auch das schwerste Pilgerleiden
Ist nicht werth der Herrlichkeit.

5. Darum still, Darum still,
Folg ich, wie mein Jesus will.
Es genügt mir seine Gnade —
Des verborg'nen Lebens Pfade
Enden am erwünschten Ziel.

Es ist vollbracht!

(P. M. 87, 87, 87, 87.)

1. Horch! Die Stimm' der Gnad' und Lie-be Ru-fet laut auf Gol-ga-tha, Erd' und Fel-sen sie durch-rei-ßet, Un-serm Herz zu drin-gen nah. „Voll-bracht ist es! Voll-bracht ist es!" Je-sus, ster-bend, ruft es ja! Je-sus, ster-bend, ruft es ja!" A - - - men.

Ja!

2. Vollbracht ist es, welche Wonne
Weckt das Wort in meiner Brust!
Gnadenströme, Lebenssonne,
Labetrank für meinen Durst!
Hallelujah, Hallelujah!
Mir kein Bangen mehr bewußt. :,:

3. Engelchöre, nehmt die Harfen,
Stimmet mit im Jubel ein,
Wenn des Lammes Lob wir feiern,
Dürfet ihr nicht stille sein.
O, wie köstlich, o wie köstlich,
Jesu, ist der Name Dein! :,:

Die Pilger.

(P. M. 88, 88, 98.)

By permission of PHILIP PHILLIPS.

Solo.

1. Sag, wo-hin ge-heſt du, Bru-der? Denn dun-kel und ſteil iſt der Weg.
2. Was iſt zu thun denn, mein Bru-der? Iſt denn dein Be-ruf ſchon be-ſtimmt?
3. Ja, du wirſt fin-den uns, Bru-der, Denn Gott hilft uns durch ſei-nen Sohn.

1. Sag, wo-hin ge-heſt du, Schwe-ſter. Auf ein-ſam und ſo ſchmalem Steg?
2. Was iſt zu thun, mei-ne Schwe-ſter, Bis Je-ſus in Him-mel dich nimmt?
3. Ja, du wirſt fin-den uns, Schwe-ſter, Wir käm-pfen um Sieg und die Kron'.

Duett.

1. Wir pil-gern nach Ka-naan dort o-ben Und zie-hen zum Lich-te bald ein,
2. Wir ſu-chen zu dul-ben und lie-ben, Und Thränen zu trod-nen im Leib,
3. Wie wal-len im fin-ſte-ren Tha-le, Und zie-hen zum Lich-te bald ein,

1. Und wenn wir ſind ſi-cher ge-lan-det, O ſagt, wer-det einſt ihr dort ſein?
2. Und fol-gen dem lie-ben-den Je-ſu, Der füh-ret zur himmli-ſchen Freud'.
3. Und wenn wir ſind ſi-cher ge-lan-det, O ſagt, wer-det einſt ihr dort ſein?

Chor.

O ſagt, wer-det einſt ihr dort ſein? O ſagt, wer-det einſt ihr dort ſein?

Und wenn wir ſind ſi-cher ge-lan-det, O ſagt, wer-det einſt ihr dort ſein?

„Laß die Engel ein."

(C. M. Doppelt.)

Sanft.

1. Komm, öff ne weit die Thür, Mutter, Und laß die En-gel ein;
2. Ich muß ver-las-sen dich, Mutter, Der Tod läßt nicht von mir.
3. Und nun leb wohl, leb wohl, Mutter, Da-heim werd ich bald sein!
4. Und einst nach kur-zer Zeit, Mutter, Wirst fin-den du dein Kind,

1. Sie sind so gut und schön, Mut-ter, So glänzend und so rein.
2. Du kannst mich hal-ten nicht, Mut-ter, Darf blei-ben nicht bei dir.
3. O, öff-ne weit die Thür, Mut-ter, Und laß die En-gel ein.
4. Im Land des Lichts, im Land der Ruh', Dort, wo die En-gel sind.

1. Sie ru-fen mich so leis, Mutter; Sie la-ben freundlich ein.
2. So dun-kel ist's um mich, Mutter; Hör ich dich wei-nen nicht?
3. Sie tra-gen mich in's Land so fern, Weit ü-ber's Ster-nen-zelt,
4. Die Thrän', sie flie-ßet dort nicht mehr An je-nem Freu-den-ort.

1. O, laß die En-gel ein, Mut-ter; Bei ih-nen möcht' ich sein.
2. Ich zie-he in ein Land, Mut-ter, Wo nie-mals fehlt das Licht.
3. Zu ih-rem und zu mei-nem Herrn, In je-ne bess're Welt.
4. Wir sin-gen mit der Sel'-gen Heer Ein Hal-le-lu-ja dort.

Lob des Herrn.

(P. M. 47, 47, 44.)

1. Lobt froh den Herrn, Ihr ju-gend-li-chen Chö-re!
2. Es schallt em-por Zu Dei-nem Hei-lig-thu-me,

1. Er hö-ret gern Ein Lied zu sei-ner Eh-re. Lobt
2. Aus un-serm Chor Ein Lied zu Dei-nem Ruh-me, Der

1. froh den Herrn! Lobt froh den Herrn!
2. Du sich Kin-der aus-er-kor!

3. Vom Preise voll
   Laß unser Herz Dir singen!
   Das Loblied soll
   Zu Deinen Thronen bringen,
   Das Lob, das unsrer Seel' entquoll!

4. Einst kommt die Zeit,
   Wo wir auf tausend Weisen—
   O Seligkeit!—
   Dich unsern Vater preisen
   Von Ewigkeit zu Ewigkeit!

Die Auferstehung.

(C. M.)

1. Ich sag' es Je-dem, daß Er lebt Und auf-er-stan-ten ist, Daß
2. Ich sag' es Je-dem, Je-der sagt Es sei-nen Freunden gleich, Daß
3. Jetzt scheint die Welt dem neu-en Sinn Erst wie ein Va-ter-land; Ein
4. Hin-un-ter in das tie-fe Meer Ver-sank des To-des Grau'r. Und

1. Er in uns-rer Mit-te schwebt Und e-wig bei uns ist.
2. bald an al-len Or-ten tagt Das schö-ne Him-mel-reich.
3. neu-es Le-ben nimmt man hin Ent-zückt aus sei-ner Hand.
4. Je-der kann nun licht und hehr In sei-ne Zu-kunft schau'n.

B

Sehnsucht.

(P. M. 76, 76.)

Gemächlich.

1. Ach, wär' ich doch dort o - ben Bei dir im Him - mel,
2. Könnt' ich mit sel' - gen En - geln Schon steh'n vor bei - nem
3. Hätt' ich die Sie - ges - pal - me Doch schon in mei - ner

1. Herr; Und könnt' dir e - wig die - nen, Wo
2. Thron, Im wei - ßen Eh - ren - kleid - te, Mit
3. Hand, Und spiel - te auf der Har - fe, In

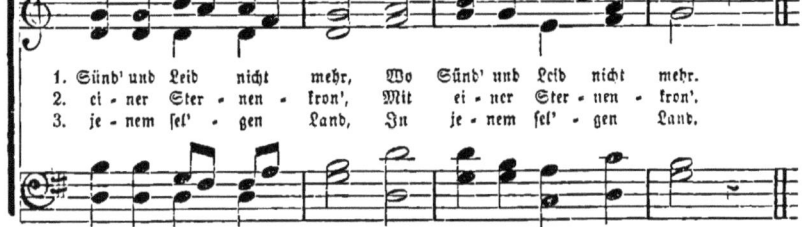

1. Sünd' und Leid nicht mehr, Wo Sünd' und Leid nicht mehr.
2. ei - ner Ster - nen - kron', Mit ei - ner Ster - nen - kron'.
3. je - nem sel' - gen Land, In je - nem sel' - gen Land.

4. Könnt' ich mich doch schon freuen
Mit theuern Freunden dort,
Die mir vorangegangen
:,: Nach jenem schönen Ort. :,:

5. Zwar leb' ich noch auf Erden,
Doch lange es nicht währt;
Bald lebe ich dort oben
:,: Bei dir, o Herr, verklärt. :,:

Der Rabe und das Täubchen.

Mel. Sehnsucht.

1. Der Regen war zu Ende,
Versiegt der Quellen Lauf;
Da hoben sich die Hände
:,: Mit Dank zu Gott hinauf. :,:

2. Der Kasten ließ sich nieder
Auf Ararats Gebirg,
Der Berge Spitzen wieder
:,: Erschienen im Bezirk. :,:

3. Das Fenster, das verriegelt,
Thut Noah nunmehr auf;
Ein Rabe eilt beflügelt
:,: Hinaus in freiem Lauf. :,:

4. Ihm folgte eine Taube,
Die kam mit frohem Blick
Sammt einem grünen Laube
:,: Um Vesperzeit zurück. :,:

5. Der Rabe kann nicht rasten,
   Er fliegt von Baum zu Baum;
Zu eng ist's ihm im Kasten,
   :,: Er liebt den freien Raum. :,:

6. Hast du, mein lieber Knabe,
   Der Taube sanft Gemüth?
Bist du ein wilder Rabe,
   :,: Der seine Heimath flieht? :,:

Immergrün.

Mel. Sehnsucht.

1. An heitren Frühlingstagen,
Wenn Zephyrlüftchen wehn,
Mag's jedem wohl behagen,
:,: Durch Flur und Hain zu gehn. :,:

2. Dann glänzt die goldne Sonne,
Es fliegt der Vöglein Schaar;
Dann schwimmt das Herz in Wonne,
:,: Und hat so frischen Schlag. :,:

3. Doch wenn die Stürme wüthen,
Und wenn das Bächlein friert,
Statt weißer Apfelblüthen
:,: Der Reif die Bäume ziert; :,:

4. Dann hilft nicht leichtes Scherzen,
Nicht Tändelei und Spiel:
Nur treue, muth'ge Herzen
:,: Führt dann der Weg zum Ziel! :,:

5. Oft fand ich, tief verborgen,
Bedeckt mit Schnee und Eis—
Inmitten meiner Sorgen—
:,: Ein schönes grünes Reis. :,:

6. Es trägt, wie ich so meine,
Der schönsten Namen zwei; —
Heißt „Immergrün" im Haine,
:,: Im Herzen „Immertreu." :,:

Geschwisterliebe.

Kindlich.　　　　　　　　　　　　　(P. M. 55, 94, 10, 86.)

1. Wie fein und lieb-lich, wenn un-ter Brü-dern, wenn un-ter
2. Da mag ich woh-nen, da mag ich blei-ben, und ist ein
3. O Ein-tracht! Lie-be! Laß stets dich fin-den, wo Brü-der

1. Schwe-stern die Ein-tracht wohnt! Wenn Hand in Hand durchs
2. Hütt-chen wohl arm und klein. Wo Lie-be ist, o
3. woh-nen, wo Schwestern sind; ver-las-se sie im

1. schö-ne Land des Le-bens al-le gehn, dann wird es noch
2. da ver-mißt man gern ein and-res Gut; da ist man reich
3. Le-ben nie, daß sie sich nicht ent-zwein, und führ, daß sie

1. ein-mal so schön, wo wir sie wan-deln sehn.
2. und wohl-ge-muth, bei Al-lem, was man thut.
3. sich e-wig freun, sie einst zum Him-mel ein.

Das Vaterland.

(C. M.)

Lebhaft.

1. Der Frei-heit Leuch-te schim-mert schön Auf uns-rer Ber-ge Höh'n, Wo
2. Der Fun-ke war aus Got-tes Hand Zum hel-len Flam-men Licht, Das
3. Und for-dert Tha-ten un-ser Land, So ste-hen wir be-reit, Und

1. Lin-coln und ein Wafhing-ton Im Gei-ste auf-er-stehn; Sie
2. in dem gro-ßen frei-en Land Die Skla-ven-ket-ten bricht; Die
3. schla-gen uns mit star-ter Hand Wie man-cher Held im Streit; Nie

1. Halbchor.

1. rn-fen laut in frei-er Bruft: Ihr Frei-en, ste-het treu, Beim
2. Flamme mö-ge im-mer glühn, In unf-rer Her-zen Grund; Ein
3. soll die Frei-heit un-ter-gehn, Ihr Freunde, sagt es laut: So

2. Halbchor.

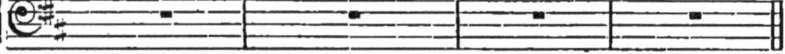

1. Ster-nen-ban-ner, en-re Lust, Beim Sternen-ban-ner, eu-re Lust,
2. Gott, ein Volk, ein Volks-be-mühn, Ein Gott, ein Volk, ein Volks-be-mühn,
3. lang die Fel-fen-ber-ge stehn, So lang die Fel-fen-ber-ge stehn,

Mäßig.

Chor.

1. Ver - laßt es nie im Streit, Ver - laßt es nie im Streit!
2. Stärk' uns - ren Staa - ten - bund, Stärk' uns - ren Staa - ten - bund.
3. Dem Va - ter - land ge - traut, Dem Va - ter - land ge - traut.

Mäßig.

Der schönste Baum.

(P. M. 87, 88, 77.)

1. Der Christbaum ist der schön - ste Baum, Den wir auf Er - ben ken - nen; Im
2. Denn sieh, in die - ser Wun - der - nacht Ist einst der Herr ge - bo - ren; Der
3. Doch nun ist Freud' und Se - lig - keit, Ist je - de Nacht voll Ker - zen; Auch
4. O laß ihn ein, es ist kein Traum! Er wählt dein Herz zum Gar - ten, Will

1. Gar - ten klein, im eng - sten Raum, Wie lieb - lich blüht der Wun - der - baum, Wenn
2. Hei - land, der uns se - lig macht! Hätt' Er den Him - mel nicht ge - bracht, Wär'
3. dir, mein Kind, ist das be - reit, Dein Je - sus schenkt dir al - les heut, Gern
4. pflanzen in dem en - gen Raum Den al - ler - schön - sten Wun - der - baum Und

1. sei - ne Blümchen bren - nen, Wenn sei - ne Blümchen bren - nen; ja bren - - - nen.
2. al - le Welt ver - lo - ren, Wär' al - le Welt ver - lo - ren, ver - lo - - - ren.
3. wohnt Er dir im Her - zen, Gern wohnt Er dir im Her - zen, im Her - - - zen.
4. sei - ner treu - lich war - ten, Und sei - ner treulich war - ten, ja war - - - ter

Der sterbende Erlöser.

(P. M. 11, 11, 11, 11.)

1. Kommt her, lie - be Kin - der! O kom - met recht nah. Und
2. O seht doch, wie Er als das un - schuld' - ge Lamm, So
3. Gebt ihm eu - re Her - zen! Für - wahr Er ist's werth! Wohl

1. seht dort am Kreu - ze, was für euch ge - schah! Dort hängt un - ser
2. wil - lig auf sich uns - re Sün - den - schuld nahm. Er hat uns er-
3. dem, der le - ben - dig sich zu ihm be - lehrt! Er spricht ja so

1. Hei-land so blu - tig und bleich. O seht, o seht, O seht, o
2. lö - set von Stra - fe und Pein, Und will, und will, Und will, und
3. freundlich: „Ich mach' Al - les neu!" Wer glaubt, wer glaubt, Wer glaubt, wer

1. seht, O seht, es ist Niemand an Lie - be ihm gleich!
2. will, Und will, daß wir sol - len sein Ei - gen - thum sein.
3. glaubt, Wer glaubt, der ist e - wig recht glück - lich und frei!

1. O seht, es ist Niemand an Liebe ihm gleich!
2. Und will, daß wir sollten sein Eigenthum sein.
3. Wer glaubt, der ist ewig recht glücklich und frei!

Flüchtigkeit des Lebens.

Mel. Der sterbende Erlöser.

1. Wie Schiff' auf dem Meere, wie Wolken so frei,
So eilen die Jahre des Lebens vorbei;
Wer weiß, ob auf Erden noch lange ihr weilt,
:,: O Kinder, noch heute zum Heilande eilt. :,:

2. Wie schön sind die Blumen in Frühlingszeit-
[pracht;
Doch tödtet sie schnell oft der Frost einer Nacht.

Wie Blumen verwelkt ihr, ach! seid ihr bereit?
:,: O, eilet zum Heiland, jetzt habt ihr noch Zeit. :,:

3. Die seligsten Freuden, den Frieden, die Lust,
Die findet man nur an des Heilandes Brust;
Da kann man im Tode selbst jubeln noch froh:
:,: „Ich gehe zu Jesu!" Wie leicht stirbt sich's
so! :,:

Jesu Schäflein.
(P. M. 77, 88, 77.)

1. Weil ich Jesu Schäflein bin, Freu ich mich nur immerhin
2. Unter seinem sanften Stab Geh ich aus und ein und hab
3. Sollt ich denn nicht fröhlich sein, Ich beglücktes Schäfelein?

1. Ueber meinen guten Hirten, Der mich wohl weiß zu bewirthen
2. Unaussprechlich süße Weide, Daß ich keinen Mangel leide,
3. Denn nach diesen schönen Tagen, Werd ich endlich hingetragen.

1. Der mich liebet, der mich kennt, Und bei meinem Namen nennt.
2. Und so oft ich durstig bin, Führt er mich zum Brunnquell hin.
3. In des Hirten Arm und Schooß: Amen, ja, mein Glück ist groß!

Amerika.

P. M. (6G, 4, 6G, 64.)

1. Hei-math-land, groß und weit, Frei-heit und Gott ge-weiht, Mein Herz Dir
2. Na - me „A - me - ri - ka!" Wo ich erst Frei - heit fah, Schön ist dein
3. Glo-cken-ton, Lie - der - luft Schwelle die treu - e Bruft, Brü - der, ftimmt
4. Gott, unf-rer Vä - ter Hort, Gott, unf-rer Frei - heit Port, Dir fin-gen

1. fingt. Land, das den Vä - tern Grab, Ru - he den Pil - gern gab,
2. Klang. Ich lie - be dei - ne Luft, Land und See, Berg und Kluft,
3. an: Ban - ner der Ster - ne fliegt, Wo fich ein Wi - pfel biegt,
4. wir. Schüß un - fern Staa-ten - bund, Auf heil'-ger Frei - heit Grund

1. Von je - der Höh' her - ab Frei - heit er - klingt.
2. Wäl - der und Wie - fen - buft Und Tem - pel - fang.
3. Wo Bi - bel - frei - heit fiegt, Der Knecht - fchaft Bann.
4. Mach dei - ne Herr - fchaft kund Zum Lo - be Dir.

Anbetung.

Mel. Amerika.

1. Anbetung. Ruhm und Preis
Bring, wer zu bringen weiß,
Jefu, dem Lamm;
Preis Seiner Majeftät,
König, Priefter, Prophet.
Der uns zu fich erhöht,
Vom Sündenfchlamm.

2. Preis Seiner Liebesgluth,
Die Ihn, nur uns zu gut,
Trieb in den Tod.
„Es ift vollbracht!" Er fchreit:
Sterbend Er uns befreit
Von allem Erdenleid,
Von Sünd' und Tod.

3. Preis Seiner Himmelfahrt,
Weil fie uns offenbart
Die Herrlichkeit.
Den Vorhang reißt entzwei,
Bürgt uns die Gnade frei,
Ruft Allen: „Kommt herbei,
Kommet noch heut!"

4. Preis fei Fürfprecher Dir,
So lang im Leibe wir
Wallen und flehn.
Auf Dein Gebet wir traun,
Auf Dein Verdienft wir baun,
Auf Deinen Weg wir fchaun,
Bis wir Dich fehn.

Chriſtus, der Herr.

Mel. Amerika.

1 Gottes und Menſchenſohn,
Richter und Richterthron!
Preis, Ehr' und Ruhm
Sei Dir von mir gebracht
Weil Du an mich gedacht,
Daß Du mich zu Dich ziehſt.
Hallelujah!

2. König des ganzen All,
Der Du den Erdenball
Einſt haſt beſucht,
Und nach vollbrachtem Lauf
Dich ſchwingſt zum Thron hinauf,
Nach Königs Würd' und Recht
Hallelujah!

3. Du biſt der Kirchen Haupt
Jeden, der an Dich glaubt,
Den ſchützeſt Du.
Menſchen, ſeid unterthan,
Betet den König an,
Der euch mit Blut erkauft.
Hallelujah!

4. Ihn wird man kommen ſehn,
Anders, als einſt geſchehn,
In Herrlichkeit.
Laßt uns zu Jeſu gehn,
Und Ihn von Herzen flehn,
Daß man mitſingen kann:
Hallelujah!

Bundeslied.
(P. M. 98, 98.)

Mäßig.

1. Hier kom-men Teine Bun-des-glie - der, O Haupt, nimm uns erbar-mend an.
2. So arm u. ſchwach u. vol-ler Sün - den ſtehn wir vor Dei-nem An-ge - ſicht.
3. Ver-leih uns Glaube, Hoffnung, Lie - be, Er-kalt und mehre Deine Gnad',
4. Und end-lich führ uns als die Dei - nen Ge-ſeg-net ein zur ew'gen Ruh';

1. Schau mild auf dei-ne Schäflein nie - der, O Hir-te, dem wir be-tend nahn.
2. Ach, laß uns Troſt u. Gnade fin - den, Und geh nicht mit uns ins Ge-richt.
3. Und heil'-ge al-le unſ-re Trie - be, Und leit uns auf dem ſchmalen Pfad.
4. Laß uns zur Rechten dort er-ſchei - nen, O ſprich dein Amen, Herr, da-zu.

Stimmung zum Gebet.
Mel. Bundeslied.

1. Es ruft mir Gott, ich ſoll mich nahen,
Und ſpräch' auch thörichtes mein Mund,
Nur gnädiges werd' ich empfahen,
Du wirſt mir geben, was geſund.

2. Ob ſchwach und irrend die Gedanken
Vertrauend bringe ich ſie dar,
Und ziehen wirſt du ſelbſt die Schranken,
Und treu mein beſtes nehmen wahr.

3. Ich bitte nicht um Glück der Erden,
Nur um ein Leuchten dann und wann,
Daß ſichtbar deine Hände werden,
Ich deine Liebe ahnen kann.

4. Ich möchte noch um Vieles bitten,
Doch beſſer ſchweigend knie ich hier,
Denn der für mich am Kreuz gelitten,
Mein milder Anwalt ſteht bei mir.

5. Ich wandle ſtets in Finſterniſſen;
Er war es ſtets, der Strahlen warf.
Der Alles weiß, ſollt' der nicht wiſſen
Das, was ſein armes Kind bedarf?

6. O ſüßes Anrecht, mir gegeben,
O Zuverſicht, die ihm entſprießt!
Wie weiß ich heut' von keinem Beben,
Wo mich ſein Sonnenſchein umfließt.

Eilet fort zur Sonntagschul'.

(P. M. 55, 75, 57, 77, 75.)

1. Wenn das Mor-gen-licht Durch das Dunk-le bricht, Und die Son-ne glän-zet schön, Wenn sie geht die Rund' Um die neun-te Stund', Zu der Sonn-tag-schul' ich geh'.

Dort kann ich mich recht er-freun Mit fröh-li-chem Her-zen rein, Und ich

lieb' recht früh zu sein In der Sonn - tag - schul'. Ei - let

fort, nur fort, Ei - let' fort, nur fort, Ei - let fort zur Sonntag - schul'.

2. In der Winterzeit,
Wenn die Erde weit
Ist gekleidet weiß mit Schnee,
Wenn die Frühlingsluft
Uns im Mai umduft't,
Zu der Sonntagschul' ich geh'.
Wenn der liebe Sabbath kommt
Mit viel Freude, Lust und Wonn',
Froh und heiter ich dann komm'
In die Sonntagschul'.
Chor: Eilet fort, nur fort, 2c.

3 In der Klasse schön
Will ich freudig stehn,
Um die Zeit der Sonntagschul'.
Unsre Stimmen rein,
Die so jung noch sein,
Sollen Gottes Lob erhöhn.

Statt der Sünde mich zu freu'n,
Geh' ich jeden Sonntag rein,
Immer mit viel Lust und Freud'
In die Sonntagschul'.
Chor: Eilet fort, nur fort, 2c.

4. Möge Gottes Gnad',
Segnend früh und spat,
Von uns weichen nimmermehr.
Weil wie Rosen schön
Wir im Garten stehn,
Spenden Lebensduft umher.
Wenn nicht mehr in diesem Land,
Sondern an dem Jordansstrand,
Denken wir zurück mit Dank
An die Sonntagschul'.
Chor: Eilet fort, nur fort, 2c.

Der Brunnen des Lebens.

(P. M. 87, 87, 87, 87.)

2. Ist der Weg auch oftmals dunkel,
Ueber uns der Himmel trüb;
Werden unsere Schritte wankend,
Unser Herz verzagt und müd;
So fließt doch ein Brunnen, welcher
Täglich für uns offen steht,
Strömend, unerschöpflich für uns
Voller Gnade früh und spät.
Chor: Komm, es wird umsonst gegeben; 2c.

3. Diesen Brunnen können wir stets
Mit uns führen, wo wir sind,
In dem Thale, auf dem Berge,
Ueberall, wo man uns find't.
Sein Genuß erfüllt die Seele
Mit Geduld und Heiligkeit.
Stärkt zur Arbeit unsre Hände,
Macht zum Sterben uns bereit.
Chor: Komm, es wird umsonst gegeben; 2c.

Der Wunſch.

(P. M. 76, 76, 76, 76.)

1. { Ich wär ſo gern ein En - gel In je - nem ſel' - gen Land, }
   { Ge - krönt auf mei - nem Haup - te, Die Har - fe in der Hand. }

2. { Nie werb' ich dort er - mü - den, Und wei - nen nim - mer - mehr, }
   { Kein Kum - mer ſoll mich rüh - ren In je - nem ſel' - gen Heer ; }

1. Dort, vor des Hei - laubs Thro - ne, In himm - liſch ho - her Pracht,
2. Ge - ſeg - net, rein und hei - lig, Bei Je - ſu möcht ich ſein,

1. Möcht ich mit ſel' - gen Gei - ſtern Ihn prei - ſen Tag und Nacht.
2. Und mit zehn Tau - ſend Tau - ſend Im Ju - bel ſtim - men ein.

3. Zwar bin ich ſchwach und ſünblich,
Doch Jeſus macht mich reich ;
Denn manches kleine Kinblein
Hat Er in ſeinem Reich,
Drum, theurer Heiland, halte
Du mich in Deiner Hand ;
Und wenn ich einſt erkalte,
Trag mich zum Himmelsland.

4. Dort werd' ich ſein ein Engel
In jenem ſel'gen Land,
Die Krone auf dem Haupte,
Die Harfe in der Hand.
Ja, dort, mein Herr und König,
Wenn Du mich heimgebracht,
Will ich mit ſel'gen Engeln
Dich preiſen Tag und Nacht.

Geſang von Jeſus.

Mel. Der Wunſch.

1. Laßt ſingen uns von Jeſus,
Mit Herz und Zung' vereint.
Laßt ſingen uns von Jeſus,
Dem großen Sünderfreund.
Dort in den obern Chören
Freut unſer Heiland ſich,
Wenn wir ihn hier verehren
Mit Liedern inniglich.

2. Wir ſingen gern von Jeſus,
Der für uns hat geweint.
Wir ſingen gern von Jeſus,
Der für uns ſchlug den Feind.
Er hat noch keins verlaſſen,
Das gläubig zu ihm kam ;
Drum laßt uns ihn erfaſſen,
Der uns die Schuld wegnahm.

3. Wir singen gern von Jesus,
Der für uns litt und starb.
Wir singen gern von Jesus,
Der uns das Heil erwarb.
Und wenn Gefahren drohen,
Dann trauen wir auf ihn,
Und folgen ihm mit frohem
Und kindlich stillem Sinn.

4. Laßt singen uns von Jesus,
Weil wir auf Erden sind,
Wir singen dann von Jesus,
Wann wir erlöset sind.
Denn wer Ihn hier bekennet,
Wird dort von Ihm bekannt,
Und nie von Ihm getrennet
In jenem seligen Land.

Danket dem Herrn.

(P. M. 4, 5, 5, 10.)

1. Dan - ket dem Herrn! Wir dan - ken dem Herrn; Denn Er ist
2. Lo - bet den Herrn! Ja lo - be den Herrn Auch mei - ne
3. An - be - tung Ihm! An - be - tung dem Herrn! Mit fro - her

1. freund - lich Und sei - ne Gü - te wäh - ret e - - - wig-
2. See - le; Ver - giß es nie, was Er dir Gut's ge-
3. Ehr - furcht Werd auch von uns sein Na - me stets ge-

1. lich; Sie wäh - ret e - wig - lich, Sie wäh - ret e - wig - lich.
2. than; Was Er dir Gut's ge - than, Was Er dir Gut's ge - than.
3. nannt; Sein Name stets ge - nannt, Sein Na - me stets ge - nannt.

Der Engelgesang in der Christnacht.

(L. M.)

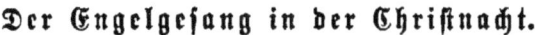

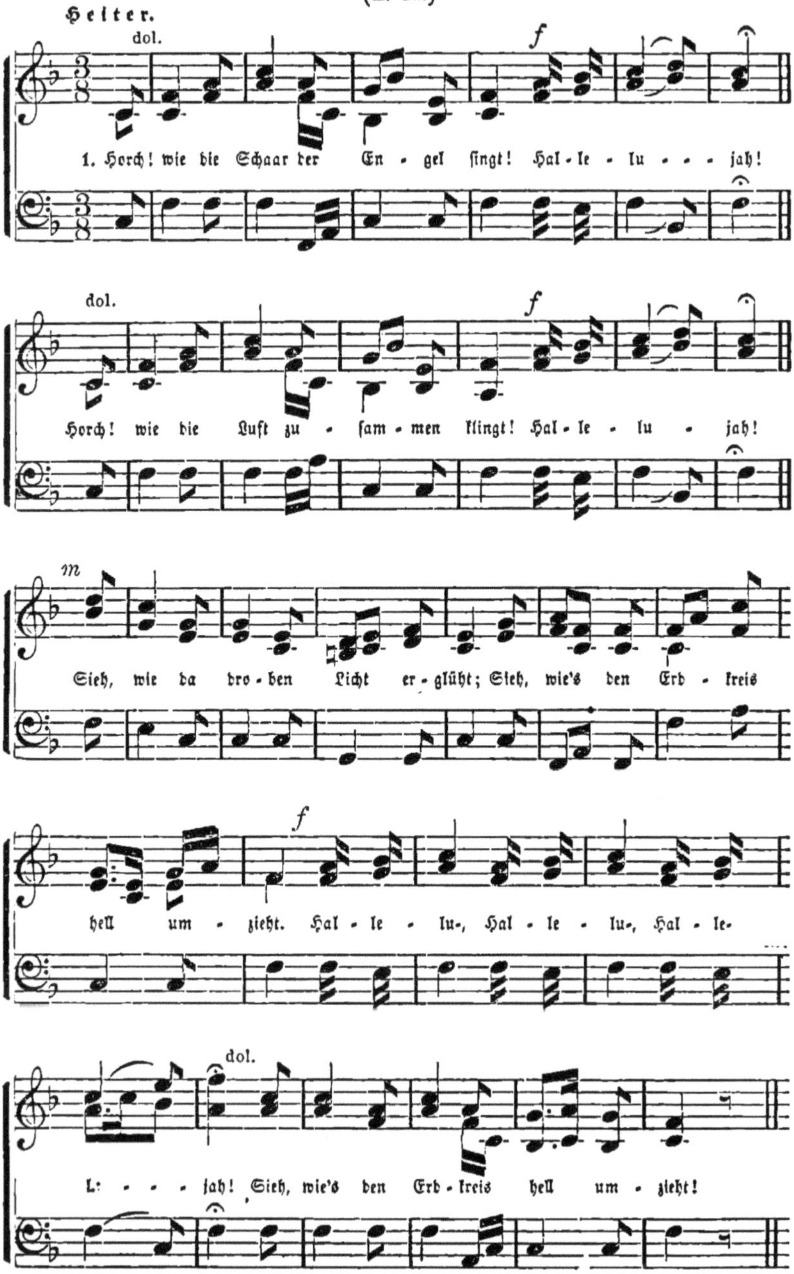

Heiter.
dol.
f
1. Horch! wie die Schaar der En - gel singt! Hal - le - lu - - - jah!
dol.
f
Horch! wie die Luft zu - sam - men klingt! Hal - le - lu - jah!
m
Sieh, wie da dro - ben Licht er - glüht; Sieh, wie's den Erd - kreis
f
hell um - zieht. Hal - le - lu-, Hal - le - lu-, Hal - le-
dol.
lu - - - jah! Sieh, wie's den Erd - kreis hell um - zieht!

2 Von Engelschaaren her erschallt's, Hallelujah!
In Hirten Herzen wiederhallt's: Hallelujah!
Dem droben in der Höh' sei Ehr'!
Auf Erden Friede wiederkehr!" ,
Hallelu-, Hallelu-, Hallelujah!
„Auf Erden Friede wiederkehr!"

3. Mit Wohlgefallen reich und mild, Hallelujah!
Verkläre Gott sein Ebenbild! Hallelujah!
So ruft der tausendfache Ton,
So preist er Gott und seinen Sohn.
Hallelu-, Hallelu-, Hallelujah!
So preist er Gott und seinen Sohn.

4. Und wie empor die Engel ziehn, Hallelujah!
Die Hirten in das Städtlein fliehn, Hallelujah!
Da liegt der Fürst der Heldenschaar
In einer Krippe wunderbar.
Hallelu-, Hallelu-, Hallelujah!
In einer Krippe wunderbar.

5. Sie beugen sich, sie beten an, Hallelujah!
Und was die Heerschaar kund gethan, Hallelujah!
Verkündigen sie weit und breit,
O ewig schöne Weihnachtszeit!
Hallelu-, Hallelu-, Hallelujah!
O ewig schöne Weihnachtszeit!

Neujahrsanfang.

Mel. Der Engelgesang in der Christnacht.

1. Das neugeborne Kindelein, Hallelujah!
Der herzgeliebte Jesus mein, Hallelujah!
Bringt abermal ein neues Jahr
Der auserwählten Christenschaar.
Hallelu-, Hallelu, Hallelujah!
Der auserwählten Christenschaar.

2. Deß freuen sich die Engelein, Hallelujah!
Die gerne um und bei uns sein, Hallelujah!
Und singen in den Lüften frei,
Daß Gott mit uns versöhnet sei.
Hallelu-, Hallelu-, Hallelujah!
Daß Gott mit uns versöhnet sei.

3. Ist Gott versöhnt und unser Freund Hallelujah!
Was kann uns thun der arge Feind? Hallelujah!
Trotz Feindes-Macht und Höllen-Pfort',
Denn Jesus bleibt ja unser Hort.
Hallelu-, Hallelu-, Hallelujah!
Denn Jesus bleibt ja unser Hort.

4. Er bringt das rechte Jubeljahr: Hallelujah!
Was trauern wir denn immerdar? Hallelujah!
Frisch auf! jetzt ist es Singens-Zeit,
Denn Jesus wendet alles Leid.
Hallelu-, Hallelu-, Hallelujah!
Denn Jesus wendet alles Leid.

Ruhe der Nacht.

(P. M. 76, 76.)

1. Verrauscht ist das Ge-tüm-mel, Die stil-le Nacht bricht an,
2. Ich fal-te froh die Hän-de; Ich weiß, Du wachst bei mir;
3. Du blickst durch's Stern-ge-fun-kel Hier in mein Käm-mer-lein;

1. Der Mond am ho-hen Him-mel Geht schwei-gend sei-ne Bahn.
2. Mein Gott und Va-ter, wen-de Dein Ant-litz nie von mir.
3. Zu tief ist Dir kein Dun-kel, Du leuch-test doch hin-ein.

32

Zufriedenheit.

(P. M. 86, 86, 88.)

mo.

1. Was frag' ich viel nach Geld und Gut, Wenn ich zu-frie-den bin!
   Gibt Gott mir nur ge-sun-des Blut, So hab ich fro-hen Sinn,

2. So Man-cher schwimmt im Ue-ber-fluß, Hat Haus und Hof und Geld,
   Und ist doch im-mer voll Ver-druß Und freut sich nicht der Welt,

p

1. Und sing aus dank-ba-rem Ge-müth Mein Mor-gen- und mein A-bend-lied.
2. Je mehr er hat, je mehr er will, Nie schwei-gen sei-ne Kla-gen still.

3. Da heißt die Welt ein Jammerthal,
Und däucht mir doch so schön;
Hat Freuden ohne Maß und Zahl,
Läßt keinen leer ausgehn.
Das Käferlein, das Vögelein,
Darf sich ja auch des Maien freun.

4. Und uns zu Liebe schmücken ja
Sich Wiese, Berg und Wald;
Und Vögel singen fern und nah,
Daß alles wiederhallt.
Bei Arbeit singt die Lerch uns zu,
Die Nachtigall bei süßer Ruh'.

5. Und wenn die goldne Sonn' aufgeht
Und golden wird die Welt;
Wenn Alles in der Blüthe steht,
Und Aehren trägt das Feld:
Dann denk' ich: alle diese Pracht
Hat Gott zu meiner Lust gemacht.

6. Dann preis' ich laut und lobe Gott,
Und schweb' in hohem Muth,
Und denk', es ist ein lieber Gott,
Und meint's mit Menschen gut! —
Drum will ich immer dankbar sein,
Und mich der Güte Gottes freun.

Das Schneeglöcklein.

Mel. Zufriedenheit.

1. Ich kenn' ein Glöcklein mild und zart,
Durch weißen Schmelz verschönt,
Das leise nur, doch wunderbar
Durch's Reich der Lüfte tönt;
Ein Glöcklein ist's, aus Flor gewebt,
Das jedes Herz mit Lust belebt.

2. Und kaum vernimmt den Wunderklang
Das stolze Blumenchor,
Da eilt es aus dem Kämmerlein
Gar schnell an's Licht hervor,
Und drängt, mit Schönheit angethan,
Zum Frühlingsfeste sich heran.

3. O, wie man jetzt der Reihe nach
Die Kinder Flora's schaut!
Doch auch allmäblig schwächer wird
Des Silberglöckleins Laut;
Es dehnet sich, vernehmbar kaum,
Nur noch auf einen engen Raum.

4. Und endlich, wenn der Lenz erscheint
In voller Herrlichkeit,
Verstummt das Glöcklein ganz und gar
Auf lange, lange Zeit;
Es schließt sich in sein stilles Haus
Und ruht von seinem Läuten aus.

33

Nur voran!

(P. M. 12, 12, 12, 12.)

1. Nur vor-an, nur vor-an! fröh-lich wie Vög-lein find,
2. Im-mer zu, im-mer zu! un-ver-zagt nur vor-an.
3. Drin-gen vor, brin-gen vor! ko-stets Müh auch und Schweiß.
4. Mit Ge-fang, mit Ge-fang! aus dem Kampf ziehn wir heim.

1. Kom-men vie-le der Kin-der von Nah und von Fern.
2. Mit des Glau-bens Ver-trau-en ziehn wir nun ver-eint;
3. Auf den Ruf un-fers Hei-lands ziehn wir je-des Schwert;
4. Je-de Fahn' trägt den Lor-beer, be-reit ist der Lohn.

1. Mun-ter schlägt un-fer Herz, ist voll Sang und voll Lieb';
2. So wie Gott es uns heißt froh und mu-thig da-hin.
3. Denn wir käm-pfen für Gott, und gar schön ist der Preis.
4. Schö-ne En-gel, sie hei-ßen uns will-komm da-heim,

1. Jun-ge Strei-ter von Zi-on, wir fol-gen dem Herrn.
2. Weil wir glau-ben und be-ten, drum schreckt uns kein Feind.
3. Laßt uns schla-gen die Fein-de, daß uns der Sieg werd'.
4. Und der Hei-land wird schen-ken uns Lor-beer und Kron'.

Chor.

Nur vor-an, nur vor-an! sei das Lo-fungswort, sei das Lo-fungs-wort!

Un-fer Hei-land zieht ja mit uns, und für Ihn strei-ten wir gern.

C

Nur vor - an, nur vor - an! jauchzt den Sie - ges - ruf, jauchzt den Sie - ges - ruf!

Und wir ge - ben Gott die Eh - re: Hal - le - lu - jah sei dem Herrn!

Der Heiland im Herzen.

(P. M. 75, 11, 11.)

1. Mei - nen Hei - land im Her - zen, Da schlaf' ich so
2. Mei - nen Hei - land im Au - ge, Da schreckt mich kein
3. Mei - nen Hei - land im Sin - ne, Bleibt Bö - ses mir
4. Dar - um will ich Ihn hal - ten Stets fest und ge -

1. süß, Da träum' ich so se - lig vom Pa - ra - dies, Da
2. Feind; Er blei - bet dem be - ten - den Kin - de ver - eint. Er
3. fern; Die Sün - de ent - wei - chet vor Gott, meinem Herrn. Die
4. treu; Mein Va - ter im Him - mel, o lie - be mir bei. Mein

1. träum' ich so se - lig vom Pa - - ra - bies.
2. blei - bet bem be - ten - ben Kin - be ver - eint.
3. Sün - be ent - wei - chet vor Gott, mei - nem Herrn.
4. Va - ter im Him - mel, o ste - he mir bei.

Singet schön!

(P. M. 67, 65, 77, 65.)

1. Sin - get schön, sin - get schön, Laßt er - schal - len Lob - ge - tön. Hoch er - hebt,
2. En - gel gehn, En - gel gehn, Sin-genb auf ben Him-melshöh'n; Jauchzen Gott,

1. hoch er - hebt Den, ber e - wig lebt. Preist Ihn, ber bie Lie - be ist,
2. jauch-zen Gott, Ih - rem Ze - ba - oth; Doch sie kön - nen sin - gen nicht,

1. Un - fer Hei-land Je-fus Christ, Sin-get schön, sin - get schön, Laßt uns Ihn er - höhn.
2. Was ber Blutsge-wasch'ne spricht: „Je-fus Christ, Je-fus Christ Mein Er - lö - fer ist."

3. Tiefer Fall, tiefer Fall
Brachte Sünde überall.
Jesus kam, Jesus kam,
Ehre seinem Nam'!
Er vergoß für uns sein Blut,
Macht' ben Schaden wieder gut,
Wer nun glaubt, auf Ihn baut,
Ist mit Ihm vertraut.

4. Nun gewiß, nun gewiß
Offen steht bas Parabies;
Hört ben Schall, hört ben Schall:
„Kommt zum Hochzeitsmahl!" —
Jesus, wenn bie Stunb' ist ba,
Bring uns bir auf ewig nah!
Gloria! Gloria!
Jauchzen wir allba.

Kommen zu Jesu.

(P. M. 86, 76.)

By permission of W. B. Bradbury.

1. Ja wir kommen, lie - ber Hei-land, Wir fol - gen dei - nem Ruf,
2. Ja wir kommen, gu - ter Hü - ter, Zu dei - ner schö - nen Heerd',
3. Ja wir kommen, treu - er Je - sus, Das Va - ter - haus zu sehn,

1. Das Herz sei Ihm ge - wei - het, Dem, der aus Lieb' uns schuf.
2. Zu sin - gen Dan - kes - lie - der, Weil Du uns hast er - hört.
3. Das Du be - rei - test für uns, Die hier als Läm - mer stehn.

Chor.

1. Ja wir kom-men, ja wir kom-men, Ja wir kom-men, lie - ber Hei - land;
2. Ja wir kom-men, ja wir kom-men, Ja wir kom-men, gu - ter Hü - ter;
3. Ja wir kom-men, ja wir kom-men, Ja wir kom-men, treu - er Je - sus,

1. Ja wir kom-men, ja wir kom-men, Wir fol - gen Dei - nem Ruf.
2. Ja wir kom-men, ja wir kom-men, Zu Dei - ner schö - nen Heerd'!
3. Ja wir kom-men, ja wir kom-men, Das Va - ter - haus zu sehn.

4. Ja wir kommen, Fürst des Lebens,
Zu bleiben stets bei Dir,
Dein Ruf schallt nicht vergebens,
Wir singen schon allhier:
Cor: Ja wir kommen, ja wir kommen,
Ja wir kommen, Fürst des Lebens;
Ja wir kommen, ja wir kommen,
Zu bleiben stets bei Dir.

5. Ja wir kommen, großer König,
Zu krönen Dich mit Preis.
Wir sind Dir unterthänig;
Du machst uns rein und weiß.
Chor: Ja wir kommen, ja wir kommen,
Ja wir kommen, großer König;
Ja wir kommen, ja wir kommen,
Zu krönen Dich mit Preis.

Der gute Hirte.

(P. M. 65, 65, 65, 65.)

By permission of W. B. BRADBURY.

1. { Je - fus ift mein Hir - te,   Ich bin oh - ne Noth; }
   { Gibt mir das Ge - lei - te,   Selbft bis in den Tod; } Schließt in Sei - ne Ar - me

2. { Je - fus ift mein Hir - te,   Der mein Her - ze kennt; }
   { An der Hand mich füh-ret,   Mich Sein ei - gen nennt; } Stil - let mei - nen Kummer,

1. Mich bei Tag und Nacht, Gibt den heil'- gen En - geln Ue - ber mir die Wacht.
2. Wischt die Thrä-nen ab, Wird mich nicht ver - laf - fen Selbst im fin-ftern Grab.

3. Jefus ift mein Hirte,
Sing ich voller Freud';
Wird's gewiß auch bleiben
In der Ewigkeit.
Dort, vor Gottes Throne,
In die Sel'gen Reih'n
Führt der gute Hirte
Mich, Sein Schäflein, ein.

4. Jefus ift mein Hirte
Und Er führt mich hin
Zu den Salems Auen,
Frisch und immer grün;
Leitet mich zum Waffer,
Das ins Leben quillt;
Da wird dann für immer
All mein Durft geftillt.

Abendlied.

Mel. Der gute Hirte.

1. Abend wird es wieder;
Ueber Wald und Feld
Säuselt Frieden nieder,
Und es ruht die Welt.
Nur der Bach ergießet
Sich am Felsen dort,
Und er brauf't und fließet
Immer, immer fort.

2. Und kein Abend bringet
Frieden ihm und Ruh',
Keine Glocke klinget
Ihm ein Raftlied zu.
So in deinem Streben
Bift, mein Herz, auch du:
Gott nur kann dir geben
Wahre Abendruh'.

Die gute Botschaft.

Mel. Der gute Hirte.

1. Laßt die Heiden hören
Von dem Liebesrath,
Den der Fürft der Ehren
Längft beschloffen hat,
Daß das Heil erworben
Sei ür jedes Herz,
Seit der Herr geftorben
An dem Sündenschmerz!

2. Kommet doch, ihr Heiden!
Höret ihr's denn nicht,
Was von Himmelsfreuden
Jefu Liebe spricht?
Denket nur, die Sünder
Macht Er frei und rein,
Daß sie Gottes Kinder,
Sel'ge Leute sei'n.

Kleine Dinge.

Mel. Der gute Hirte.

1. Kleine Tropfen Wasser,
Kleine Körner Sand,
Machen's große Weltmeer
Und das schöne Land.
Und die Augenblicke,
Kleinster Theil der Zeit,
Machen alle Zeiten
Und die Ewigkeit.

2. Und die kleinen Sünden
Bringen oft in Noth,
Machen große Sünder,
Bringen Qual und Tod.
Aber kleine Thaten,
Die aus Lieb' gethan,
Schaffen aus den Himmel
Auf der Lebensbahn.

Auf Zions Berg!

(P. P. M. 87, 87, 87, 87.)

1. Ich klimm den Zi - ons Berg hin - an, Weil Je - sus sagt: Ich lieb' dich.
2. Zwar bin ich noch ein klei - nes Kind, Ge - ring ist mei - ne Stär - ke;
3. Kommt geht mit mir, laßt uns ver - eint Den heil'-gen Berg er - klim - men.

1. Ist un - ter mir auch al - les trüb, So ist's doch o - ben lieb - lich.
2. Mein Hei - land a - ber hilft mir selbst In die - sem gu - ten Wer - ke.
3. Und laßt uns fröh - lich ins - ge - sammt Er - he - ben uns' - re Stim - men.

1. Des - halb vor - an, den Berg hin - an, Zum Land der ew' - gen Won - ne;
2. Des - halb vor - an, den Berg hin - an, Ich laß den Muth nicht sin - ken;
3. Und frisch vor - an, den Berg hin - an, Bis wir das Ziel er - lan - get,

Schnsucht nach dem Frühling.

(P. M. 87, 87.)

3. Möchte hören die Schalmeien
Und der Heerden Glockenklang,
Möchte freuen mich im Freien
An der Vögel süßem Sang!

4. Schöner Frühling, komm doch wieder!
Lieber Frühling, komm doch bald!
Bring uns Blumen, Laub und Lieder,
Schmücke wieder Feld und Wald!

Rufe vom Himmel.
(L. M.)

By permission of Philip Phillips.

Knaben.

1. Hö - rest du die En - gel sin - gen, Wie um Got - tes Thron sie
2. Hö - rest du je kei - ne Freun - de, Die schon heim - ge - gan - gen

Mädchen.

1. stehn. Ja, ich hö - re ih - re Lie - der, Die des
2. sind. Ja, wie oft hör' ich sie sin - gen, Dort, wo

Chor.

1. Hei - lands Lieb' er - höhn.
2. kei - ne Thrä - nen sind.
} Vor uns liegt die Him - mels -

ge - gend; Bald sind wir durchs Meer der Zeit; Dann soll

un - ser Lied er - klin - gen In der fro - hen E - wig - keit.

3. Willst du jemals dorthin gehen
Nach dem Land so schön und rein?
Ja, mit Freuden möcht' ich gehen
Zu dem seligen Verein.
   Chor. Vor uns liegt ꝛc.

4. Laßt uns all vereinigt wirken,
Laßt uns mit einander gehn.
Einstens werden wir zusammen
Dann vor Jesu Throne stehn.
   Chor. Vor uns liegt ꝛc.

Christen- und Heidenkinder.

Mel. Rufe vom Himmel.

1. Jugend, wie bist du so selig,
Dir gehört das Himmelreich,
Immer heiter, immer fröhlich,
Bleibe nur den Engeln gleich.
Chor: Jesus liebt euch, liebe Kinder,
Trägt euch gern auf seinem Arm,
O, so liebt auch ihn nicht minder,
Habt für ihn ein Herze warm.

2. Aber seht, wie viele Kinder
Lieben ihren Heiland nicht,
Ach, den armen Heidenkindern
Scheinet nicht das Gnadenlicht.

Chor: Darum betet, liebe Kinder,
Für die arme Heidenwelt,
Bis der große Ueberwinder,
Jesus, sie gefesselt hält.

3. Haben Schulen nicht und Lehrer,
Kirchen nicht und Prediger,
Irren, Schafe ohne Führer,
In der Wüste wild umher.

Chor: Legt auch eure kleine Gaben
Willig Gott zu Füßen hin;
Auch die kleinsten Scherflein haben
Reichen, seligen Gewinn.

Hosianna.

Mel. Rufe vom Himmel.

1. Als der Heiland noch auf Erden,
Ward ihm einst mit aller Macht
Ein Gesang der frommen Kinder
In dem Tempel dargebracht.
Chor: Hosianna, Hosianna
Sei dem Menschensohn gebracht.
Hosianna, Hosianna!
Preist Den, der uns selig macht.

2. Siegespalmen streuten sie dann
Vor den Herrn auf seinen Weg,
Kleider wurden ausgebreitet
Dort auf Salems schönen Weg. [Chor.

3. Gott, der du im Himmel wohnest,
Lob und Preis sei dir gebracht.
Bringen wir auch keine Palmen,
Wird der Dank doch nicht veracht't. [Chor.

4. Ob wir arm und schwach auch kommen,
Nimm den Dank in Gnaden an;
Hast du ja auch angenommen
Jener Kinder Lobgesang. [Chor.

5. Besser wollen wir dir danken,
Wenn du uns hast heimgebracht,
Wenn mit jenen sel'gen Kindern
Wir stehn vor des Thrones Pracht. [Chor.

Frage und Antwort.

(P. M. 88, 86.)

Frisch.

1. Mädchen. Sagt, Brü-der, wollt ihr mit uns ziehn? Sagt, Brü-der, wollt ihr mit uns ziehn?
2. Knaben. Mit Got-tes Hil-fe gehn wir mit, Mit Got-tes Hil-fe gehn wir mit,

3. Mädchen. Für im-mer lebt und herrscht der Herr, Für im-mer lebt und herrscht der Herr,
4. Chor. Ruhm sei Ihm und Hal-le-lu-jah, Ruhm sei Ihm und Hal-le-lu-jah,

1. Sagt, Brü-der, wollt ihr mit uns ziehn Nach Ka-na'ns U-fern hin?
2. Mit Got-tes Hil-fe gehn wir mit Und wol-len mit euch ziehn.

3. Für im-mer lebt und herrscht der Herr, In sei-ner Herr-lich-keit.
4. Ruhm sei Ihm und Hal-le-lu-jah In al-le E-wig-keit.

Der Geber aller guten Gaben.

(P. M. 76, 76, 66, 99.)

1. {Was nah' ist und was fer-ne, Von Gott kommt Al-les her,
   Der Strohhalm und die Ster-ne, Der Sper-ling und das Meer.}

2. {Er läßt die Sonn' auf-ge-ben, Er stellt des Mon-des Lauf,
   Er läßt die Win-de we-hen, Er thut den Him-mel auf.}

Al-le gu-te Ga-be Kommt o-ben her von Gott,

Vom schö-nen blau-en Him-mel her-

ab. Vom schö-nen blau-en Him-mel her-ab.

3. Er sendet Thau und Regen,
   Und Sonn'- und Mondesschein,
   Und wickelt reichen Segen
   In jedes Körnchens Keim.
   Chor: Alle gute Gabe 2c.

4. Er schenkt uns so viel Freuden,
   Und macht uns frisch und roth;
   Er gibt dem Viehe Weiden
   Und Seinen Menschen Brod.
   Chor: Alle gute Gabe 2c.

Was gibt es im Himmel zu thun?

(P. M. 12, 9, 12, 9, 66, 96, 69.)

By permission of W. B. Bradbury.

1. Es gibt Et - was für Kin - der im Him - mel zu thun, Kein's ist
2. Da gibt's Vie - les zu ler - nen vom Hei - land, dem Herrn, Wenn sie
3. Von dem Him - mel so schön, ha - ben En - gel zu gehn, Zu den

1. müf - fig in dem schö - nen Land. Da gibt's Lieb' für das Her - ze, und
2. wan - dern im schö - nen Ka - na'n; Und die Leh - rer in dem schö - nen
3. Lie - ben, die auf der Erb' find; Und es mag auch wohl fein, daß aus

1. Freud' für den Geift, Und Ge - schäf - te für jeb' klei - ne Hand.
2. Lan - be so fern, Es find bie, bie einft gin - gen vor - an.
3. himm - li - schen Reih'n Un - fer Ba - ter wird fen - ben ein Kind.

Chor.

Es gibt Et - was zu thun, Es gibt Et - was zu thun, Es gibt

Et - was für Kin - ter zu thun; In dem herr - li - chen Land, Wo die

Sünd' ist ver-bannt, Da gibt's Et - was für Kin - der zu thun.

Die Zehn Gebote.

(P. M. 88, 88, 77, 77.)

By permission of PHILIP PHILLIPS.

1. Durch die Tau-sen - de von Jah - ren Laß den Blick zu - rü - cke se - hen,
2. Sieh! wie Wol-ken ihn um - ge - ben, Hö - re die Trom - pe - te hal-len,
3. Sieh! er füh - ret auf dem Sturmwind Tod und Höll' vor ihm er - zit-tern.

1. Hö - re auf die zehn Ge - bo - te, Wie von Si - na's Berg sie ge - ben.
2. Während Gott selbst von dem Ber - ge Sein Ge - se - tze läßt er-schal - len:
3. Laßt es al - le Welt ver-neh - men, Laßt es eu - er Herz er-schüt - tern—

1. Horch! die Stim-me spricht zu dir: Kei-nen Gott hab' au-ßer mir.
2. Ma-che dir nicht Bild noch Stein, Beu-ge dich vor mir al-lein.
3. Wenn der Herr im Don-ner spricht: Mißbraucht mei-nen Na-men nicht.

Langsamer.

1. Horch! die Stim-me spricht zu dir: Kei-nen Gott hab' au-ßer mir.
2. Ma-che dir nicht Bild noch Stein, Beu-ge dich vor mir al-lein.
3. Wenn der Herr im Don-ner spricht: Mißbraucht mei-nen Na-men nicht.

4. Stehend vor dem finstern Berge,
Israel erbebt und zittert.
Wer wird in der Nähe Gottes
Nicht von seiner Macht erschüttert?
:,: Meinen Sabbathtag—spricht Gott—
Heiligt stets, wie ichs gebot. :,:

5. Gott der Götter, Herr, Jehovah!
Deine Stimme soll man hören
Die zu uns hernieder schallet;
Vater, Mutter sollst du ehren,
:,: Daß du alt wirst und geehrt
In dem Land, das dir bescheert. :,:

6. Lauter donnert jetzt die Stimme!
Höret sie: Du sollst nicht tödten.
Das Gesetz der heil'gen Ehe
Sollst du niemals übertreten.
:,: Stehle nicht des Andern Gut,
Gottes Straf' sonst auf dir ruht. :,:

7. Gebe niemals falsches Zeugniß
Gegen einen deiner Brüder;
Nimmermehr laß dich gelüsten
Deines Nächsten Hab' noch Güter;
:,: Denn der Gott, der zu dir spricht,
Bringt dich einstens vor's Gericht.

Jesus allein. (P. M. 55, 56.)

1. Je-su, Dir leb' ich; Je-su, Dir sterb' ich;
2. O sei uns gnä-dig, Sei uns barm-her-zig,

1. Je-su, Dein bin ich Im Le-ben und im Tod!
2. Führ' uns, o Je-su, In Dei-ne Se-lig-keit!

Zion.

(L. M.)

By permission of W. B. Bradbury.

1. Herr - li - ches Zi - on, hoch er - baut, Herr - lich - ste
2. Herr - li - cher Him - mel, vol - ler Pracht, Herr - li - che

1. Stadt, die je ich schaut! Herr - li - che Tho - re, mar-mor-
2. En - gel, groß von Macht, Herr - li - cher Sang ent - zückt das

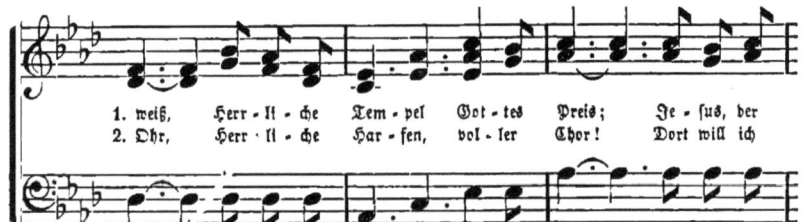

1. weiß, Herr - li - che Tem - pel Got - tes Preis; Je - sus, der
2. Ohr, Herr - li - che Har - fen, vol - ler Chor! Dort will ich

1. für uns o - pfert' sich, Oeff - net das Mar-mor-thor für mich.
2. lo - ben mei - nen Herrn, Wel-cher die Gläub'gen hö - ret gern.

3. Herrlich für jede Stirn die Kron',
Herrlich und schön der Sieger Lohn,
Herrlich gekleid't die Sel'gen gehn,
Herrlich sind sie, die Jesum sehn. —
Dorthin will ich, dem eil' ich zu,
Dort soll ich finden ew'ge Ruh'.

4. Himmlischer schöner Harfen-Klang,
Herrlich der Engel Lobgesang,
Herrliche Ruh' voll Seligkeit,
Herrlicher Ort voll ew'ger Freud'!
Dort soll ich den Erlöser sehn,
Laßt mich zur Himmelsheimath gehn.

Morgenlied.

Mel. Zion.

1. Mein Gott die Sonne geht herfür,
Seî Du die Sonne selbst in mir!
:,: Du Sonne der Gerechtigkeit,
Vertreib' der Sünden Dunkelheit. :,:

2. Mein erstes Opfer sei Dein Ruhm,
Mein Herze ist Dein Eigenthum.
:,: Ach kehre gnädig bei mir ein,
Und laß mich Deine Wohnung sein! :,:

3. Gib, daß ich meinen Fuß bewahr,
Und ja nicht mit der bösen Schaar
:,: Hin auf den Weg der Sünder geh,
Noch bei den Spöttern sitz und steh! :,:

4. Herr, leite mich an Deiner Hand,
Und gib mir Weisheit und Verstand,
:,: Daß ich Dich fürchte, lieb und ehr',
Und folge Deines Geistes Lehr'. :,:

5. Schreib' Dein Gesetz in meinen Sinn,
Nimm ganz mich Dir zu eigen hin,
:,: Und schenke mir durch Deine Treu,
Daß ich Dir treu in Allem sei! :,:

6. Hilf, daß ich heut' und alle Tag',
So viel ich noch erleben mag,
:,: Ja, hier und dort in Ewigkeit
Dir diene in Gerechtigkeit. :,:

Gebet am Christtag.

Mel. Zion.

1. Du lieber, heil'ger, frommer Christ,
Der für uns Kinder kommen ist.
:,: Damit wir sollen weis' und rein
Und rechte Kinder Gottes sein. :,:

2. Du Licht vom lieben Gott gesandt,
In unser dunkles Erdenland,
:,: Du Himmelslicht und Himmelsschein,
Damit wir sollen himmlisch sein. :,:

3. Du lieber, heil'ger, frommer Christ,
Weil heute Dein Geburtstag ist,

:,: Drum ist auf Erden weit und breit
Bei allen Kindern frohe Zeit. :,:

4. O segne mich, ich bin noch klein,
O mache mir die Seele rein;
:,: O bade mir die Seele heil
In Deinem reichen Himmelsquell. :,:

5. Daß ich wie Engel Gottes sei,
In Demuth und in Liebe treu,
:,: Daß Dein ich bleibe für und für,
Du heil'ger Christ, das schenke mir. :,:

Frühzeitige Frömmigkeit.

Mel. Zion.

1. O Kinder, sucht schon früh den Herrn;
Er ist euch nah und hilft so gern.
:,: Die früh Ihn suchen, finden Ihn,
Und mit Ihm ewigen Gewinn. :,:

2. Wie schnell kommt oft heran der Tag,
Der Keinem recht gefallen mag,
:,: Wo unsre kurze Gnadenfrist
Für immerdar vorüber ist. :,:

3. Wie manches hat's schon da bereut,
Daß es die schöne Jugendzeit,
:,: Die Zeit des Frühlings und der Saat,
Verträumt, verscherzt, vergeudet hat. :,:

4. O weh! Wie Viele gehn dahin,
In ihrem Welt- und Fleischessinn;
:,: Verzehren ihre Lebenskraft
In Sünde, Lust und Leidenschaft. :,:

5. O weh! Wie Viele stürzen sich
In Noth und Elend jämmerlich,
:,: Und gehen dann zur ew'gen Qual,
Anstatt zu Gottes Abendmahl. :,:

6. D'rum Kinder hört's: Sucht früh den Herrn,
Jetzt ist Er nah und hilft euch gern.
:,: Die früh Ihn suchen, finden Ihn,
Und mit Ihm ewigen Gewinn! :,:

Kindliches Vertrauen.

Mel. Zion.

1. Mein Vater, der im Himmel wohnt,
Als König aller Engel thront.
:,: Der ist mir nah bei Tag und Nacht
Und gibt auf meine Schritte Acht. :,:

2. Er nährt den Sperling auf dem Dach
Und macht zur Früh' die Vögel wach;
:,: Er schmückt mit Blumen Wald und Flur
Und pflegt die Zierde der Natur. :,:

3. Von meinem Haupte fällt kein Haar,
Mein Vater sieht es immerdar,
:,: Und wo ich auch verborgen wär',
In Herz und Nieren schauet er. :,:

4. O Vater mein, wie gut bist Du!
Gib, daß ich niemals Böses thu';
:,: Mach mich den lieben Engeln gleich
In Deinem großen Himmelreich! :,:

Auf die Schulprüfung.

(P. M. 98, 98, 98, 98.)

1. { Dein ist, o Va - ter, die - se Stun - be, Wo Kin - ber-
   { Du bist mit uns in die - sem Bun - be, Wo Geist und

2. { Wir fin - ben Dich, wo El - tern - gü - te In theu - erm
   { Und wo des Gei - stes zar - te Blü - the Des Leh - rers

3. { Be - glü - cken nur und uns er - freu - en; Wer benkt Dich,
   { Dir un - ser Le - ben ganz zu wei - hen, Ge - bie - ten

Solo.

1. bank Dich fromm ver - ehrt, } Von Dir ist je - be Freu - ben-
   Herz sich oft be - lehrt. }

2. Her - zen sich be - wegt, } Wir fin - ben Dich, wo uns bas
   Fleiß so forg - sam pflegt. }

Solo.

3. Gott, und benkt bies nicht? } O seg - ne un - fern Le - bens-
   Dankbar - keit und Pflicht. }

Chor.

1. blu - me, Die uns im Le - bens - mor - gen blüht. Es ist Dein
2. Le - ben, In sei - ner Frühlings - schö - ne lacht. Wir fin - ben
3. mor - gen, Mit Kraft und Lust und Lern - be - gier, Des Leh - rers

Chor.

1. Werk, wenn Dir zum Ruh - me Der Geist der Lie - be uns er - zieht.
2. Dich in je - bem Stre - ben, Das fröm - mer uns und wei - se macht.
3. Fleiß, der El - tern Sor - gen Er - war - ten ih - ren Lohn von Dir.

Des armen Knaben Christbaum.

Mel. Auf die Schulprüfung.

1. Was für ein fröhlich Thun und Treiben
Am Weihnachtsmarkt bis in die Nacht,
Wie funkelt durch erhellte Scheiben
Der schönen Waaren bunte Pracht!
Wer laufen will, muß heut noch laufen,
Daß er den Christbaum schmücken mag,
Wer feil hat, will noch heut verkaufen,
Denn morgen ist Bescheerungstag.

2. Doch sieh, wie mit betrübten Mienen
Dort an der Ecke frosterstarrt,
Vom nahen Gaslicht hell beschienen
Ein Knabe noch des Käufers harrt.
Er hat den Christbaum selbst geschnitten,
Mit saurer Müh im Tannenwald,
Sein schüchtern Auge scheint zu bitten:
„O kauft mir ab, die Nacht ist kalt!

3. „Kauft ab, ihr tönnt so lustig lachen,
Ihr habt das Glück und ich die Noth.
Was soll ich mit dem Christbaum machen?
Die Mutter krank, der Vater todt.“
Doch Niemand, der des bleichen Kleinen
Und seines Baums gewahren mag,
Vorbei rennt jeder mit dem Seinen—
Und heut ist schon der letzte Tag!

4. Doch schau, da kommt mit muntrem Schritte
In Sammetpelz und Federhut—
Die schöne Mutter in der Mitte—
Ein Kinderpärchen wohlgemuth;
Den Korb gefüllt mit Weihnachtsgaben,
Trabt hinterher des Hauses Knecht: —
„O Mutter, sieh den Baum des Knaben,
Der ist für uns noch eben recht!“

5. Die schöne Mutter zahlt in Eile
Dem Knaben sein zwei Schillingsstück,
Er dankt — und schaut noch eine Weile
Den Frohen nach mit trübem Blick:
Wie wird sein Christbaum morgen funkeln,
Im fremden Haus, im Kerzenschein,
Und ach! im Kämmerlein, im dunkeln,
Wie still wird seine Weihnacht sein!

6. Drum Kinder, wenn bekränzt mit Gaben,
Euch euer Christbaum fröhlich brennt,
Denkt, ob ihr nicht den bleichen Knaben
Und seine kranke Mutter kennt?
Und geht und trocknet ihr die Wangen
Und lernet von dem heil'gen Christ,
Daß zwar vergnüglich das Empfangen,
Doch seliger das Geben ist!

Am Weihnachtsabend.

Mel. Auf die Schulprüfung.

1. Am Weihnachtsbaum die Lichter brennen,
Wie glänzt er festlich, lieb und mild,
Als spräch' er: wollt' in mir erkennen
Getreuer Hoffnung süßes Bild.
Die Kinder stehn mit hellen Blicken,
Das Auge lacht, es lacht das Herz;
O fröhlich, seliges Entzücken!
Die Alten schauen himmelwärts.

2. Zwei Engel sind hereingetreten,
Kein Auge hat sie kommen sehn,
Sie gehn zum Weihnachtstisch und beten,
Und wenden wieder sich und gehn.

Gesegnet seid, ihr alten Leute,
Gesegnet sei, du kleine Schaar!
Wir bringen Gottes Segen heute
Dem braunen wie dem weißen Haar.

3. Zu guten Menschen, die sich lieben,
Schickt uns der Herr als Boten aus,
Und seid ihr treu und fromm geblieben,
Wir treten wieder in dies Haus.
Kein Ohr hat ihren Spruch vernommen,
Unsichtbar jedes Menschen Blick,
Sind sie gegangen, wie gekommen;
Doch Gottes Segen blieb zurück.

Am Morgen.

(P. M. 77, 77.)

1. Hin ist nun die Ruh' der Nacht Und der Va-ter hat ge-wacht.
2. Gib mir Dei-nen gu-ten Geist, Daß ich flieh', was Sün-de heißt,
3. Laß viel Gu-tes heut' ge-schehn, Viel des Bö-sen un-ter-gehn,

1. Va-ter, stets so mild und treu, Steh auch die-sen Tag mir bei.
2. Schütze mich auf mei-ner Bahn, Nimm Dich mei-ner Lie-ben an.
3. Laß uns froh die Son-ne schaun Und von Her-zen Dir ver-traun.

D

Die Lilien auf dem Felde.

(P. M. 76, 76, 77, 66.)

Mäßig langsam.

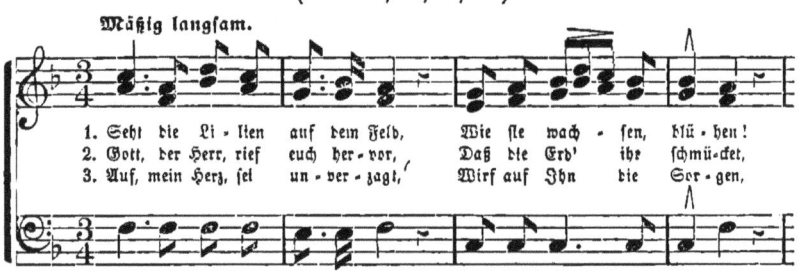

1. Seht die Li - lien auf dem Feld, Wie sie wach - fen, blü - hen!
2. Gott, der Herr, rief euch her - vor, Daß die Erd' ihr schmü - cket,
3. Auf, mein Herz, sei un - ver - zagt, Wirf auf Ihn die Sor - gen,

cresc.

1. Sagt, wer hat sie hin - ge - stellt, Oh - ne Sorg' und Mü - hen?
2. Schwingt des Menschen Herz em - por, Nieb - rer Sorg' ent - rü - det;
3. Der nach trü - ber Win - ter - nacht Ruft den Früh - lings - mor - gen!

cresc.

p

1. Wer hat sie so schön ge - macht, Aus - geschmückt mit sol - cher Pracht,
2. Lehrt es gläu - big auf - wärts schaun, E - wig, e - wig Gott ver - traun,
2. Der die Blu - men nicht ver - gißt, Auch mein gu - ter Va - ter ist:

1 Herr - lich fon - ter - glei - chen? Herr - lich fon - ter - glei - chen?
2 Blüh'n als Him - mels - blu - me! Blüh'n als Him - mels - blu - me!
3. Lob' Ihn, mei - ne See - le! Lob' Ihn, mei - ne See - le!

p

Die Heimath der Seele.

(P. M. 12, 8, 12, 98.)

Mäßig.   Py permission of PHILIP PHILLIPS.

1. Ich will sin - gen ein Lied, von dem herr - li - chen Land,
2. Denn das Bild je - ner Stät - te im Traum schwebt mir vor,

1. Die Hei - math der Seel' nach der Zeit. Wo kein Sturm je - mals
2. Die Mau - ern von Jas - pis so rein, Und es däucht mir, als

1. tobt an dem schim - mern - den Strand, Wo vor - bei al - ler
2. könnt' ich mich schwin - gen em - por Zu der himm - li - schen

1.mal 2.mal Ende. f

1. Kum - mer und Leid.   Wo vor - bei al - ler Kum - mer und Leid.
2. Hei - math hin - ein.   Zu der himm - li - schen Hei - math hin - ein.

3. Und die Bäume des Lebens in Schönheit dort
blühn—
Der Lebensstrom fließt dran vorbei,
Und nicht Tod noch Verderben kommt jemals dorthin,
Wo Sünde auf ewig vorbei;
Wo Sünde auf ewig vorbei.

4. O wie schön wirds doch sein in dem herrlichen
Land,
Wo man keine Thränen mehr weint!
Dort einander zu treffen mit Harfengesang
Und ewiglich bleiben vereint;
Und ewiglich bleiben vereint.

Die Sonntagschule.
(C. M.)

1. Die Sonntag-schu-le ruft mich laut, Wo ich so glück-lich bin, Sie

Chor. O Schu-le, theu-re Schu-le mein, Dich lieb ich ein-zig nur, Laß

1. hat er-quickt und auf-er-baut Mir oft-mals Herz und Sinn.

mich dein gu-ter Schü-ler sein, Stets fol-gen dei-ner Spur.

2. Dort lernt' ich, wie der Heiland starb,
Für Sünder, ach, wie ich;
Wie Er den Himmel mir erwarb,
Weil Er am Kreuz verblich.   [Chor.

3. So sei denn unser Dank gebracht,
Und preist in lautem Chor

Ihn, der uns hält durch Seine Macht,
Uns gnädig hebt empor.   [Chor.

4. Willkommen, Sonntagschule mein,
O nimm mich liebreich an,
Laß deiner Lehren stets mich freu'n
Auf meiner Lebensbahn.   [Chor.

Zur Sonntagschul'.
Mel. Die Sonntagschule.

1. Zur Sonntagschul', zur Sonntagschul'
Wir eilen, eilen fort,
Um früh zu sein zur Sonntagschul',
Nicht ruhen, bis wir dort.   [Chor.

2. Zur Sonntagschul', zur Sonntagschul'
Am heil'gen Tag des Herrn;
Wie lieb ist mir die Sonntagschul'!
Wie köstlich, was ich lern'!   [Chor.

3. Zur Sonntagschul', zur Sonntagschul'
Mit munterm Schritt wir gehn,
Wir beugen uns vor'm Gnadenstuhl,
Um Gnade zu erflehn.   [Chor.

4. Die Sonntagschul', die Sonntagschul'
Ist Gottes Gärtlein schön;
O, mögen in der Sonntagschul'
Wir, Gottes Rosen, blühn!

Ruf zur Sonntagschule.
Mel. Die Sonntagschule.

1. O, kommet doch, ihr Kinder all,
Zur Sonntagschule heut,
Und macht zu frohem Jubelschall
Das junge Herz bereit!   [Chor.

2. Kommt, preiset unsern guten Gott,
Der stets so liebreich ist,
Und uns befreit von Sünd' und Tod,
Im Heiland Jesu Christ.   [Chor.

3. Seht, wie der einstens Kinder liebt',
Als Er auf Erden war;
So liebt Er heut, wer nur Ihm gibt
Sein Herze ganz und gar.   [Chor.

4. So kommet doch, so kommet doch
Zu Jesu Christo heut!
Heut hört ihr Seine Stimme noch,
Kurz ist die Erdenzeit.   [Chor.

Thue recht.

(P. M. 87, 87, 67.)

By permission of PHILIP PHILIPPS.

1. Muth, mein Bru-der! strauch-le nur nicht! Ist dein Pfad auch
2. Ob dein Weg auch rauh und ö-de, Oh-ne al-les
3. Laß nur al-le Welt da-hin-ten, Denn zum Le-ben

1. oh-ne Licht; Denn ein Leit-stern bleibt den From-men,
2. Son-nen-licht, Nur vor-an! bist du auch mü-de,
3. hilft sie nicht; Mußt du auch gar viel ent-beh-ren,

Langsamer.

1. Trau' auf Gott und za-ge nicht!
2. Trau' auf Gott und za-ge nicht! } Za-ge nicht!
3. Trau' auf Gott und za-ge nicht!

Za-ge

Langsamer.

Za-ge nicht! Trau' auf Gott und za-ge nicht!

nicht! Za-ge nicht!

4. Folge diesem Leitstern immer,
Wenn auch Finsterniß einbricht.
Laß durch nichts dich irre machen,
Trau' auf Gott und zage nicht!
Zage nicht — zage nicht,
Trau' auf Gott und zage nicht!

5. Wenn dein Lebensende nahet —
Wenn im Tod dein Auge bricht;
Richt' den Glaubensblick nach Oben,
Trau' auf Gott und zage nicht!
Zage nicht — zage nicht!
Trau' auf Gott und zage nicht!

Einladung.

(P. M. 11, 10, 11, 10.)

Solo oder Duett.

1. Komm, tief - be - trüb - te Seel', laß dich er = qui = cken, Für dich auf
2. Wand = rer des Er - ben=thals, willst du nicht zie = hen Mit mir ins
3. See = le, dein Hei = land ruft: „will dich er = re = ten, Komm an mein

Chor.

1. Gol=ga - tha floß heil' = ges Blut.   Flieh, flieh die ar = ge Welt,
2. beff = re Land, wo Je = fus wohnt.   Bald siehst du Him=mels = licht,
3. lie=bend Herz, klag mir dein Leid.   Komm, ich er = lö = se dich,

1. kehr ihr den Rü = cken, Flie - he zum Him=mel, da ist's e = wig gut.
2. bald stehst du glü = hen Strah = len der Son = ne, in wel = chen Gott wohnt.
3. brech bei = ne Ket = ten, Keh = re dein Lei = den in himm=li = sche Freud'."

Mahnung des Herrn.

(P. M. 11, 10, 11, 10, 11, 10, 11, 10.)

Feierlich und mit Ausdruck.

1. { Der Mitt - ler rief in Sei - ner Jün - ger Krei - fe:
   { Setzt fort mein Werk zu mei - nes Va - ters Prei - fe!
2. { Wie könnt' ich Dein, ich Dei - ner je ver - gef - fen,
   { Mag fichs nach Jah - ren o - ter Stun - den mef - fen,

1. Ver - geßt mein nicht! Ich meint's mit euch so gut.
   Ver - geßt mein nicht! Bald fließt für euch mein Blut.
2. Du mei - ner Kind - heit, mei - ner Ju - gend Freund?
   Mein Le - ben, Herr, dies Herz bleibt Dir ver - eint.

1. Hin - auf zu je - nen un - er - forsch - ten Hö - hen Führt mich der
2. Hin - auf zu Dei - nes Him-mels lich - ten Hö - hen Ringt mei - ne

1. Tod von Fin - ster - niß zum Licht, Mein Werk nur bleibt. mein Werk kann nicht ver-
2. Seel' von Fin - ster - niß zum Licht. Mag mei - nen Staub auch einst der Wind ver-

1. ge - hen; Es lebt in euch, denn ihr ver - geßt mein nicht.
2. we - hen, Mir tönt Dein Ruf; Ver - giß, ver - giß mein nicht.

3. Vergeßt Sein nicht, für Wahrheit und für Brüder
Gab Er die Kraft, gibt Er das Leben hin.
Vergeßt Sein nicht! Ihr Seines Leibes Glieder;
Bewahrt ihn rein, des Meisters frommen Sinn!
Wenn Sünd' und Welt euch Strömen gleich ergreifen,
Wenn auch der Feind die Dornen-Krone flicht,
Dann müssen seiner Aussaat Früchte reifen,
Dann hört Sein Wort: Vergeßt, vergeßt mein nicht.

4. Der Du für mich Dich in den Tod gegeben,
Dir schwört das Herz; Herr, Dein vergeß ich nicht!
Nein, nicht der Sünde, Dir nur will ich leben
Treu leben Dir, bis einst das Auge bricht!
Herr, stärke mich in der Versuchung Stunde,
Wenn mir die Kraft zum schweren Kampf gebricht.
Dann töne mir das Wort aus Deinem Munde;
Du schwurst, mir treu zu sein, vergiß mein nicht!

Das Abendläuten.

(P. M. 12, 10, 10, 10, 10, 10.)

Mäßig langsam.

Duett. p

1. Aus dem Dörf-chen da drü-ben vom Thur-me her-ab,
2. Wenn sie läu-ten, da sol-len wir im-mer-bar sein
3. Wenn sie läu-ten am Sonn-tag, das Klin-get wohl schön!

rallent.

1. Da läu-ten die Men-schen den Tag zu Grab'. Sie
2. Zum Sin-gen und Be-ten ge-rü-stet sein. Wir
3. Da sol-len wir still-le zur Kir-che gehn, Und

1. läu-ten und läu-ten, und ich und du, Wir hö-ren gar ger-ne dem
2. sa-gen der Glo-cke gar gro-ße Ehr', Denn s'Läu-ten ist im-mer be-
3. sol-len ver-sammelt am heil'-gen Ort, Uns pre-di-gen las-sen des

< > pf

1. Läu-ten zu. Sie läu-ten und läu-ten, und ich und du,
2. deu-tungs-schwer. Wir sa-gen der Glo-cke gar gro-ße Ehr';
3. Her-ren Wort. Und sol-len, ver-sam-melt am heil'-gen Ort,

1. Wir hö-ren gar ger-ne dem Läu-ten zu;
2. Denn 's Läu-ten ist im-mer be-deu-tungs-schwer;
3. Uns pre-di-gen las-sen des Her-ren Wort;

Geschwinder. cres - - - cen - - - do.

f

Chor. 1. Wir hö-ren gar ger-ne dem Läu-ten zu.
2. Denn 's Läu-ten ist im-mer be-deu-tungs-schwer.
3. Uns pre-di-gen las-sen des Her-ren Wort.

f

Geschwinder. cres - - - cen - - - do.

Ruf die Kinder frühe.

(P. M. 85, 85, 77.)

1 Ruf die Kin-der frü-he, Mut-ter, Schon das Vög-lein singt;
2. Ruf die Kin-der frü-he, Va-ter, Heut muß viel ge-schehn;

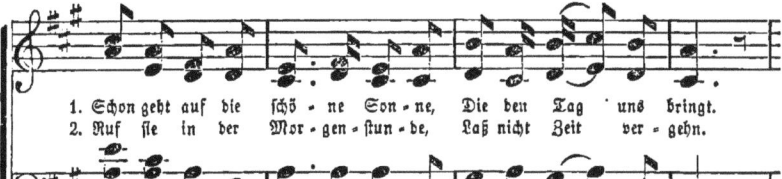

1. Schon geht auf die schö-ne Son-ne, Die den Tag uns bringt.
2. Ruf sie in der Mor-gen-stun-de, Laß nicht Zeit ver-gehn.

Duett.

1. Ruf: „Schon ist der Tag ja da, Bringt ein neu Hal-le-lu-jah!"
2. Was man in der Frü-he thut, Dar-auf Got-tes Se-gen ruht.

Chor.

1. Ruf: „Schon ist der Tag ja da, Bringt ein neu Hal-le-lu-jah!"
2. Was man in der Frü-he thut, Dar-auf Got-tes Se-gen ruht.

3. Ruft die Kinder frühe, Lehrer,
Sie zu suchen lehrt,
In der Frühe ihrer Jugend
Jene Perl' von Werth.
Frühe führet sie zum Herrn,
Der die Kinder hat so gern.

4. Ruf die Kinder frühe, Hirte,
Von dem breiten Weg;
Führ' die Lämmer Deiner Heerde
Auf den schmalen Steg.
Ruf sie in der Jugendzeit,
Für den Himmel sie bereit'.

Gebet.
(P. M. 87, 87.)

1. Je-fu, du biſt unſ-re Freu-de, Ja der be-ſte Kin-derfreund; Führſt ſie ſtets auf
2. Ach, wir wollten dich gern lie-ben, Nicht nur ſo blos mit dem Mund, Sondern mit den

1. ſü-ßer Wei-de, Weil du's gut mit ih-nen meinſt, Weil du's gut mit ih-nen meinſt.
2. reinſten Trieben Aus dem tief-ſten Herzens-grund, Aus dem tief-ſten Her-zens-grund.

3. Schenk' uns dazu doch die Kräfte,
Ohne dich könn'n wir nichts thun;
Zu dem ſeligen Geſchäfte:
:,: Nur in dir allein zu ruhn. :,:

4. Laß uns hier an dieſem Orte
In der lieben Sonntagsſchul',
Lauſchen deiner Jeſus-Worte,
:,: Die du ſprichſt von deinem Thron. :,:

5. Lehre uns die Sünde haſſen,
Gieb uns Gnad' und Kraft dazu;
Laß im Glauben dich erfaſſen,
:,: Unſre Herzen äu̇tre du. :,:

6. So wird unſer ganzes Leben,
Von der Wiege bis zum Grab,
Zeugniß von dem Glauben geben,
:,: Den du uns geſchenket haſt. :,:

Die Abendzeit.
Mel. Gebet.

1. Lieblich, dunkel, ſanft und ſtille
Iſt die dunkle Abendzeit;
Möcht' mein Seelengrund und Wille
:,: Doch ihr gleichen allezeit. :,:

2. O dann wird das Weltgetümmel
Wie ein Traum vorüberwehn,
Und ein ſelig ſüßer Himmel
:,: Mir in dem Gemüthe ſtehn. :,:

3. Ach, was frommen uns die Nächte
Ohne dich und deine Huld?
Süße ſchläft nur der Gerechte
:,: Denn er ruhet ohne Schuld. :,:

4. Friede Gottes heißt das Kiſſen,
Das die Seele recht erquickt,
Während ein befleckt Gewiſſen
:,: Auch im Traume leicht erſchrickt. :,:

Das Schiff der Gnade.
(P. M. 11, 77, 11, 76, 78, 67.)
W. B. Bradbury.

1. { Das Schiff der Gnade ſe-gelt, ſe-gelt, ſe-gelt, Das Schiff der Gnade ſe-gelt,
{ Wer dorthin wünſcht zu ge-hen, ge-hen, ge-hen, Wer dorthin wünſcht zu ge-hen,

2. Schon viele Hunderttausend, tausend, tausend—
Schon viele Hunderttausend
Sind dort glücklich angelangt;
Und Tausende noch segeln, segeln, segeln,
Und Tausende noch segeln
Nach dem wunderschönen Land.   [Chor.
    3. Die Himmelswinde treiben, treiben, treiben—
Die Himmelswinde treiben
Schnell das wackre Schiff voran.

Hört, wie an Bord sie singen, singen, singen—
Hört, wie an Bord sie singen,
Ehre, Ehre sei dem Lamm!   [Chor.
    3. Kommt, geht mit uns nach Zion, Zion, Zion—
Kommt, geht mit uns nach Zion
Durch das Trübsalsmeer der Zeit.
Wie werden wir uns freuen, freuen, freuen—
Wie werden wir uns freuen
Dann in alle Ewigkeit.   [Chor.

Der himmlische Vater.

(P. M. 65, 65.)

    3. Gibt mit Vaterhänden
Ihm sein täglich Brod,
Hilft an allen Enden
Ihm aus Angst und Noth.

    4. Sagt's den Kindern allen,
Daß ein Vater ist,
Dem sie wohlgefallen,
Der sie nie vergißt.

Der schöne Platz.

(L. M.)

Lebhaft.

1. O Sonn - tag - schu - le, schö - ner Ort, Da le - sen wir in
2. O Sonn - tag - schu - le, schö - ner Ort, Die Leh - rer sind so
3. O Sonn - tag - schu - le, schö - ner Ort, Da öff - net sich die

1. Got - tes Wort, da le - sen wir in Got - tes Wort, Und
2. lieb - reich dort, die Leh - rer sind so lieb - reich dort, Sie
3. Him - mels-pfort'; da öff - net sich die Him - mels - pfort'; An -

1. hö - ren auch, wie Je - der-mann Die Him - mels-hei-math fin - den kann.
2. wei - sen uns auf Got-tes Lamm, Das uns - re Sün - den auf sich nahm.
3. be - tend schau - en wir em - por, Und sin - gen wie ein En - gels-chor.

Chor.

1. Die Him - mels - hei - math fin - den kann.
2. Das uns - re Sün - ben auf sich nahm. } Ich geh' so gern, ich
3. Und sin - gen wie ein En - gels - chor.

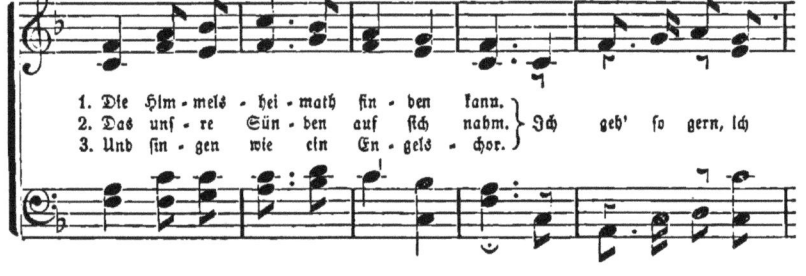

geh' so gern zur Sonn - tag - schul' am Tag des Herrn. Ich

geh' so gern, ich geh' so gern zur Sonntag-schul' am Tag des Herrn.

Des Herzens Lust.

Mel. Der schöne Platz.

1. Die Schul' ist meines Herzens Lust;
Dir dank ich Gott aus voller Brust!
Daß Du sie gnädig mir verliehn,
In Deinem Dienst mich zu erziehn. [Chor.

2. Noch herrscht auf Erden weit und breit
Des Heidenthumes Dunkelheit,
Wo groß die Kinderschaar noch ist,
Die nicht der Schule Glück genießt. [Chor.

3. Du zogst mich Millionen vor,—
Drum heb ich Herz und Händ' empor.
Und danke Dir und bitte Dich:
Beglücke jedes Kind, wie mich. [Chor.

4. Gib jetzt auch, wo der Unterricht
Auf's Neu' beginnt, mir Kraft und Licht;
Mach, Jesu! ihn mir segensreich,
Damit ich Deinem Blute gleich. [Chor.

Der Entschluß.

Mel. Der schöne Platz.

1. Weh', wer die Schule frech versäumt!
Weh', wer darin die Zeit verträumt!
Nicht faßt und hält des Lehrers Wort,
Es nicht beherzigt immerfort. [Chor.

2. Auf meines Lehrers Unterricht
Zu merken, ist stets meine Pflicht,
Damit ich fromm und weise werd',
Geschickt zum Himmel schon auf Erd'. [Chor.

3. Mein Lehrer soll sich meiner freun,
Ich will ihm willig folgsam sein.
Und fehl' ich jemals wider ihn,
Nicht ruhen, bis er mir verziehn. [Chor.

4. Ich will auch gegen ihn gesinnt
Zeitlebens bleiben als ein Kind,
Und zeugen dort vor Gottes Thron
Von seinem Fleiß, zu seinem Lohn. [Chor.

Das Licht am Fenster.

(P. M. 11, 9, 11, 9, 99, 99.)

By permission of W. B. Bradbury

1. Sieh, ein Licht steht am Fen-ster für dich, Bru-der, Sieh, ein
2. Dort gibts Kro-nen und Pal-men für dich, Bru-der; We-ter

1. Licht steht am Fen-ster für dich. Ein Theu-res ist fort, nach den
2. Sor-ge noch Müh' dich dort quält. Der Hei-land hat dir dort be-

1. Woh-nun-gen dort, Und ein Licht steht am Fen-ster für dich.
2. rei-tet ein Haus Und ein Licht an das Fen-ster ge-stellt.

Chor.

1. Die Hei-math im Him-mel wir sehn Und am

Fen-ster ein Licht für dich stehn. Die Hei-math im Him-mel wir

sehn Und am Fen-ster ein Licht für dich stehn.

3. Darum wache und bet' und sei treu, Bruder;
Immer vorwärts, und kämpf ritterlich!
Ob Trübsal auch drängt und die Stürme auch wehn,
Sieh, ein Licht steht am Fenster für dich. [Chor.

4. Darum muthig, entschlossen voran, Bruder;
Denn dein Heiland sagt: siehe auf mich;
Die Engel sind dort, und sie winken dir zu,
Und ein Licht steht am Fenster für dich. [Chor.

Wer ist wie Jesus?

(P. M. 88, 88, 10, 88, 11.)

W. B. Bradbury.

1. Wen sand-te Gott, zu ret-ten mich? Den Hei-land, um zu o-pfern sich.
2. Und war-um floß Sein theu-res Blut? Zu ma-chen un-fern Scha-den gut.
3. Und hielt Ihn denn des To-des Hand? Am drit-ten Tag Er auf-er-stand.

1. Warum kam Er aus Himmelshöh'n, Aus Lieb' zu Sündern ist's geschehn.
2. Und soll auch ich ge-ret-tet sein? Von Sünden will Er dich be-frei'n.
3. Und wo-hin nahm Er sei-nen Lauf? Er fuhr zu Gott gen Himmel auf.

} Wer ist wie

Je-sus ge-treu auch im Tod? Er starb für dich, Er starb für mich, Er

starb zu zie-hen uns zu sich, O, wer ist wie Je-sus ge-treu auch im Tod?

4. Und ist Er denn auch jetzt noch dort?
Er lebt und bittet immerfort.
Was bittet Er denn, und für wen?
Daß du mögst zu dem Vater gehn. [Chor.

5. Und darf auch ich zu Ihm hinnahn?
O ja, Er nimmt die Sünder an.
Nimmt Er die armen Sünder an,
So komme, wer nur kommen kann. [Chor.

Das Gebet des Herrn.

(P. M. 78, 78, 77.)

1. Un - ſer Va - ter be - ten wir, Schau - e
   Dan - kend na - hen wir uns Dir, Hö - re
2. Zu uns kom - me, Herr! Dein Reich, Daß Dein
   Daß wir, Dei - nem Soh - ne gleich, Dei - nem

1. hulb - reich auf uns nie - ber,
   gnä - dig unſ - re Lie - ber. } Dei - ner wol - len
2. Him - mel ſei auf Er - ben;
   Wil - len *folg - ſam wer - ben, } Folg - ſam wie ber

1. wir uns freu'n, Hei - lig ſoll Dein Na - me ſein!
2. höh' - re Geiſt, Der Dich reiu und hei - lig preiſt.

3. Gib uns, Herr, nach Deiner Hulb,
Was uns nöthig iſt zum Leben.
Innig reut uns unſre Schuld,
Doch wirſt Du ſie uns vergeben,
Wenn dem Nächſten wir verzeihn
Und der Frömmigkeit uns weihn.

4. In Verſuchung führ uns nicht,
Hilf, daß wir nicht unterliegen,
Gib die Kraft, bis uns gebricht,
Böſe Lüſte zu beſiegen.
Vater, ſteh uns gnädig bei,
Mach uns von der Sünde frei.

5. Ach, des Uebels, Gott, iſt viel,
Das uns auf der Erde drücket!
Doch Du ſteckſt der Noth ein Ziel,
Schickſt den Tod, der uns entrücket
Aus dem Elend dieſer Zeit
In das Reich der Seligkeit.

6. Wer mit feſter Zuverſicht
Glaubensvoll in Jeſu Namen
Dieſe ſieben Worte ſpricht,
Kann mit Freuden ſagen: Amen!
Amen, ja es wird geſchehn,
Was wir ſo von Gott erſlehn.

Pilger=Lied.

(P. M. 85, 85, 88, 85.)

Knaben.

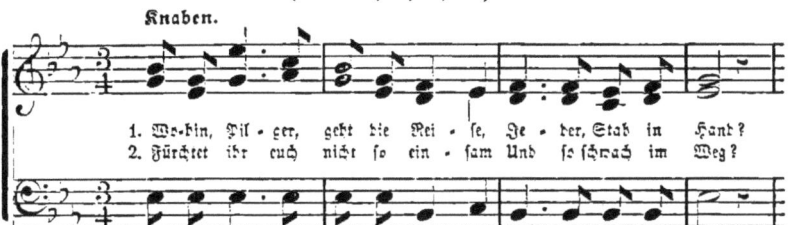

1. Wo-hin, Pil - ger, geht die Rei - se, Je - der, Stab in Hand?
2. Fürchtet ihr euch nicht so ein - sam Und so schwach im Weg?

Mädchen.

1. Fröh - lich in ge - schloss'nem Krei - se Hin zum sel' - gen Land;
2. Nein, gott - lob, wir sind nicht furcht - sam, Gott be - wahrt den Steg;

Chor.

1. Ue - ber Thal und Berg wir ge - ben, Vor des Kö - nigs Thron zu ste - ben,
2. Christus steht uns auch zur Sei - te, En - gel sind in dem Ge - lei - te,

1. Vor des Kö - nigs Thron zu ste - ben, In dem bes - sern Land.
2. En - gel sind in dem Ge - lei - te. Si - cher ist der Weg.

3. Was erwartet ihr Colonnen,
Dort in jenem Land?
Weiße Kleider, goldne Kronen
Von des Heilands Hand;
Trinken aus den Crostallströmen,
Jesu Gnade preisen, rühmen,
Jesu Gnade preisen, rühmen
Wir in jenem Land.

4. Dürfen wir nicht mit euch gehen
Hin zu jenem Land?
Freilich! Herzlich willkomm, willkomm,
Unserm kleinen Band;
Kommt nur eilend mit Verlangen,
Jesus wird euch gern empfangen,
Jesus wird euch gern empfangen
In dem bessern Land.

E

Der Mittler.

(P. M. 76, 76, 55, 76.)

By permission of W. B. BRADBURY.

1. We-der Wür-de   noch Verdienst   Er-wirbt uns Got-tes   Huld;
2. Hoch von Sei-nem   Him-melsthron,   Kam Er zu und her-ab,
3. Mü-der Sün-der,   ar-beit-sam   In Werk-ge-rech-tig-keit,

1. Je-su heil'-ges,   theu-res Blut   Nur til-get unf-re   Schuld.
2. Starb am Kreuz als   Men-schen Sohn,   Be-sieg-te Tod und   Grab.
3. Al-les ist längst   schon ge-than   Für dei-ne Se-lig-keit.

Chor.

Je-sus starb für All',   starb aus Lieb' und Huld;

Je-sus starb für, starb für All'.

Je-su theu-res, heil'-ges Blut,   das til-get unf-re Schuld.

4. Wer durch Werke suchet Lohn,
Vom Fluch nicht wird befreit.
Glaube nur an Gottes Sohn,
So wird dein Herz erfreut.   [Chor.

5. Bring dich selbst dem Heiland dar,
Bekenne deine Schuld.
Er, Rath, Kraft und Wunderbar,
Er schenkt dir Gnad' und Huld.   [Chor.

Werden wir im Himmel singen?

(P. M. 86, 85, 10, 88, , 85.)

By permission of W. B. Bradbury.

1. Wer-den wir im Him-mel sin-gen? Wer-ben wir? Wer-ben wir? Wer-ben wir im
2. Wer-ben wir uns wie-ber - se - hen? Wer-ben wir? Wer-ben wir? Wer-ben wir uns
3. Wer-ben wir ben Heiland lo = ben? Wer-ben wir? Wer-ben wir? Wer-ben wir ben

Chor.

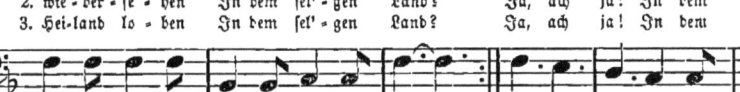

1. Him-mel sin = gen In bem sel' - gen Land? Ja, ach ja! In bem
2. wie - ber - se = hen In bem sel' - gen Land? Ja, ach ja! In bem
3. Hei-land lo = ben In bem sel' = gen Land? Ja, ach ja! In bem

1. Land, bem sel'-gen Land! Die Er-lös-ten freu-big sin-gen, Wenn sie sich hin-
2. Land, bem sel'-gen Land! Al - le Chri-ften seh'n sich wie-ber, Denn sie sind ja
3. Land, bem sel'-gen Land! Al - le Heil'gen Je - sum lo-ben, Weil Er sie zu

1. ü - ber schwingen, Freu-big Je = su Preis sie sin = gen In bem sel' = gen Land.
2. Chri-fti Glie-ber. Seh'n sich al - le, al - le wie-ber In bem sel' = gen Land.
3. sich er - ho-ben, Prei-sen Ihn unb e - wig lo - ben In bem sel' = gen Land.

4. Werden Engel mit uns singen?
   Werden sie? Werden sie?
   Werden Engel mit uns singen
   In bem sel'gen Land?
Ja, ach ja! In bem Land, bem sel'gen Land!
   Alle Engel werden singen,
   Wenn wir unser Lob barbringen,
   Werden ewig mit uns singen
   In bem sel'gen Land.

5. Werden wir auch Kinber finben?
   Werden wir? Werden wir?
   Werden wir auch Kinber finben?
   In bem sel'gen Land?
Ja, ach ja! In bem Land, bem sel'gen Land!
   Fromme Kinber wird man finben,
   Kinber weiß und rein von Sünben,
   Wird sie fort bei Jesu finben
   In bem sel'gen Land.

Beim Erwachen.

(P. M. 76, 76, 76, 76.)

Munter.

1. Er - wacht in neu - er Stär - ke, Be - grüß' ich, Gott, Dein Licht,
2. Da floß aus Dei - ner Fül - le Er - quic-dung un - be - merkt;
3. Mit hel - term Aug' und sin-nend Geht nun der Mensch und schafft,

1. Und wend' auf Dei - ne Wer - ke Mein fro - hes An - ge - sicht.
2. Wir la - gen sanft in Stil - le, Auf - ath-mend und ge - stärkt.
3. Sein Ta - ge - werk be - gin - nend, Voll Lust und jun - ger Kraft.

1. Wir fei'r - ten All' er - mat - tet Und sehn - ten uns nach Ruh';
2. Bald hell - te sich die Frü - he In küh - lem Mor - gen - weh'n.
3. Gott, Dei - ne Son - ne ra - get, Und strahlt uns Lieb' und Macht!

1. Da schloß, von Nacht um - schat - tet, Dein Schlaf die Au - gen zu.
2. Auf ein - mal steigt, o sie - he! Die Son - ne roth und schön.
3. Wohl uns, hin - fort, wenn's ta - get! Nach uns' - rer letz - ten Nacht.

Auf den 4. Juli.

Mel. Beim Erwachen.

1. Im trauten Jugendkreise
Stehn wir versammelt hier,
Auf kindlich frohe Weise
Zu danken, Vater, Dir,
Mit freudigem Gemüthe
Und froher Dankbarkeit
Für Deine große Güte,
Die segnend uns erfreut.

2. Heut, heut an diesem Tage
Erfreu sich jedes Herz;
Es schweige jede Klage,
Vergessen sei der Schmerz.
Geburtstag unsrer Freiheit!
Sei uns stets lieb und werth,
Bis endlich Frei- und Gleichheit
Beglückt die ganze Erd'.

3. Schütz ferner, Gott, wir bitten,
Schütz unser liebes Land:
Paläste wie auch Hütten,
Und jeden Bürgerstand.

Vor Unglück und Gefahren
Und jeder andern Noth
Wollst Du uns doch bewahren,
Du, Zions starker Gott.

4. Daß unser Volk Dich liebe,
Gib ihm ein frommes Herz.
O daß es treu Dir bliebe!
Sonst folgen Noth und Schmerz.
Laß Gottesfurcht gedeihen,
Und Recht im Schwange gehn,
Daß sich die Frommen freuen.
Laß, Vater, es geschehn!

5. Columbia, Land der Freien,
Mein liebes Vaterland!
Mögst ferner du gedeihen,
Geschützt von Gottes Hand!
Mag über dir stets wehen
Der Freiheit Sternpanier
Und nie mehr untergehen,
Mein Land, dies wünsch ich dir!

Der kommende Tag.

Mel. Beim Erwachen.

1. Der Tag ist am Erscheinen,
Es weicht die dunkle Nacht,
Und Menschenkinder weinen,
Vom Sündenschlaf erwacht.
Schon flieget über Meere
Die Botschaft weit und breit:
Es treten Völkerheere
Für Zion in den Streit.

2. Gleich Thau und Regen feuchtet
Ein Gnadenstrom uns an,
Und herrlicher beleuchtet
Seh'n wir die Himmelsbahn.
Erhört wird jede Bitte,
Die auf zum Throne geht,
Und sanft wird unsre Mitte
Vom Friedenshauch durchweht.

3. Seht, wie der Helden Menge
Zu unserm Gott sich kehrt,
Und man schon Lobgesänge,
Von tausend Zungen hört!
Vom Heiland auserkoren,
Zu tragen seine Schmach,
Beschaun wir, neugeboren,
Ein Volk auf Einen Tag.

4. Du Strom des Heiles fließe
In alle Welt hinaus,
Und auf die Völker gieße
Die Segensfülle aus.
Fließ hin, bis dort am Throne
Man preist, was hier geschah,
Und es im Jubeltone
Erschallt: „Der Herr ist da!"

Frühlingslied.

Mel. Beim Erwachen.

1. Der Frühling kehret wieder,
Belebt wird die Natur.
Schon tönen muntere Lieder
Auf grüner Au' und Flur.
Der Vöglein Lobgesänge
Steigt dankend dort empor,
Und ihre süßen Klänge
Erfreuen Herz und Ohr.

2. Voll Wohlgeruch und Wonne,
In ihrem bunten Kleid,
Enthüllt im Schein der Sonne
Die Blume ihr Geschmeid'.

Der Tauben sanftes Girren,
Der Vögel Lobgesang,
Der Käfer buntes Schwirren
Bringt Gott dem Schöpfer Dank.

3. O Schöpfer meines Lebens!
Für Deine Gütigkeit
Will ich Dich froh erheben,
In meiner Jugendzeit.
Der Frühling meines Lebens
Sei Dir, o Herr, geweiht,
Damit ich nicht vergebens
Die schönste Zeit vergeud'.

Der Schüler froher Kreis.

(P. M. 11, 10, 11, 10.)

Heiter.

1. Fröh-lich ver-ei-net in herz-li-cher Lie-be, Schlie-ßen wir
2. Treu laßt das Tag-werk der Ju-gend uns trei-ben, Vie-les zu

1. Kin-der den freund-li-chen Kreis; Hier uns zu sam-meln mit
2. ler-nen in flüch-ti-ger Zeit; Nim-mer in Träg-heit ba-

1. hei-li-gem Trie-be, Köst-li-che Schä-tze mit Mü-he und
2. hin-ten zu blei-ben, Vor-wärts zum Zie-le, es ste-het nicht

1. Fleiß; Köst-li-che Schä-tze mit Mü-he und Fleiß.
2. weit, Vor-wärts zum Zie-le, es ste-het nicht weit.

3. Tankbar und liebend dem Lehrer begegnen,
Der sich uns widmet mit Müh' und Geduld;
Das wird beglücken, die Arbeit uns segnen,
:,: Das ist des Schülers stets bleibende Schuld. :,:

4. Sind wir von hier dereinst alle ins Leben
Früher und später gewandert hinaus,
Mögen die Tage uns oft noch umschweben,
:,: Die wir verlebten im heiligen Haus. :,:

Ein naher Freund.

(P. M. 87, 87, 87, 87.)

Lebhaft.

Duett.

1. Sind die Ta-ge trüb und dun-kel, Und das Herz von Sor-gen schwer.
2. Dei - ne Aus-sicht ist viel bes-ser, Wenn das Herz ist wie-der leicht;
3. Doch bald folgt ein schön'-rer Mor-gen In dem Land der Se - lig - keit;

1. Ei - ner ist's, der sieht dich stünd-lich Und ver-läßt dich nim-mer - mehr.
2. Und die Zeit geht schnell vor-ü - ber, Wenn die dunk-le Wol-ke weicht.
3. Sin-gen wird man dann, statt seuf-zen, Wei-chen muß die Trau-rig - keit.

1. Heit-re Mie - nen, fro - he Her - zen Ma-chen dich oft glück-lich hier;
2. Mancher Tag hat schön be-gon - nen, Vö - gel san-gen hell und klar,
3. Ei - ne Welt voll Herr-lich-kei - ten, Wo die Freu-de e - wig währt,

1. Doch ist noch so klar der Him-mel, Bre - chen Wol-ken bald her - für.
2. Und doch ward es trüb und dun - kel, Eh' die Sonn' im Mit-tag war.
3. Wird der-einst von un - serm Va - ter In dem Him-mel uns be - scheert.

Chor.

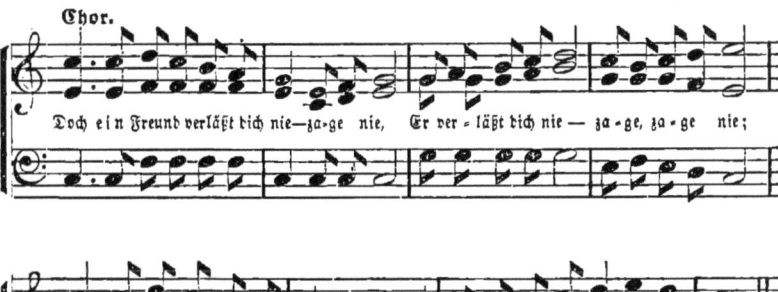

Doch ein Freund verläßt dich nie—za-ge nie, Er ver-läßt dich nie — za-ge, za-ge nie;

Ja, ein Freund verläßt dich nie—za-ge nie,—Er ver-läßt dich nie—za-ge nie.

Des Christen Heimath

(P. M. 12, 12, 12, 11, 11, 12, 12.)

By permission of W. B. BRADBURY.

1. Ei - le fort. ei - le fort — o, du Gläub'-ger eil' fort,
2. Ei - le fort, ei - le fort; war - um willst du ver - ziehn?
3. Ei - le fort, ei - le fort — denn bald kommst du nach Haus,

1. Vom Ge - fäng - niß ent - flie - he zum si - che - ren Port.
2. Komm und schwing dich em - por zu den se - li - gen Höh'n,
3. In dem Land, wo die Pil - ger auf e - wig ruhn aus.

1. En - gel - Gei - ster sind da, dir zu rei - chen die Hand, Und dich zu ge-
2. Wo dein Hei - land, das Heil, dei - ne Son - ne, dein Licht, In gött - li - chem
3. In der herr - li - chen Statt, wo der Le - bens-baum quillt. Wo Christus dein

Chor.

1. lei - ten zum herr - li - chen Land, Wo Thrä-nen und Lei - den nicht
2. Glanz durch die Däm-me-rung bricht; Wo Sün - de und Sa - tan nicht
3. Heimweh auf e - wig dann stillt. Und all dei - ne Hoffnung wird

(musical notation)

1. mehr ſind be - kannt. Ei - le fort, ei - le fort; o, du Gläub'ger eil'
2. län - ger an - ſicht. Ei - le fort, ei - le fort;" o, du Gläub'ger eil'
3. herr - lich er - füllt. Ei - le fort, ei - le fort; o, du Gläub'ger eil'

Ei - le fort . . . . . .

Langſamer.

1. fort. Ei - le fort, ei - le fort, zum glück - ſe - li - gen Ort.
2. fort. Ei - le fort, ei - le fort, zum glück - ſe - li - gen Ort.
3. fort. Ei - le fort, ei - le fort, zum glück - ſe - li - gen Ort.

Ei - le fort . . . . . .

Verlangen nach Gott.

(P. M. 87, 86, 67.)

By permission of W. B. Bradbury.

1. { Herr, ich hör' von Se - gens - ſtrö - men, Die Du ſen - deſt gnä - dig - lich, }
   { Um die Her - zen zu er - qui - cken; Laß es träu - feln auch auf mich. }

2. { Ge - he nicht vor - bei, o Va - ter, Hat mein Herz be - trübt auch Dich, }
   { Sei mein Hel - fer und Be - ra - ther, Schau in Gna - den auch auf mich. }

Chor.

Ja, auch mich, ja, auch mich, Gro - ßer Gott, er - hö - re mich.

3. Gehe nicht vorbei, Erlöſer,
Lehr mich trauen feſt auf Dich;
Mache mein Verlangen größer;
Da Du rufeſt, ruf auch mich. [Chor.

4. Gehe nicht vorbei, o Tröſter;
Geiſt des Lichts, erbarme Dich,
Daß auch ich ſei ein Erlöſter,
Drück' Dein Siegel auch auf mich. [Chor.

Kreuz und Krone.

(L. M. Doppelt.)

By permission of PHILIP PHILLIPS.

1. { Als Pil - ger in dem Thrä-nen-thal, Sind wir oft mü-de, krank und matt. }
{ Doch bald wird un-ser Au - ge sehn Das Ziel der Reis', die Got-tes-stadt. }

Dort sind die Woh-nun - gen be - reit—Wir ru - hen dort in

ew' - ger Freud', In ew' - ger Freud'— in ew' - ger Freud'—Wir

Langsamer.

ru - hen dort in ew' - ger Freud', Wir ru-hen dort in ew' - ger Freud'.

2. Vor uns liegt eine Wüstenei,
Doch wenn wir einmal trüber sind,
So kommen wir nach Kanaan,
Wo alle Gotteskinder sind.
Die lieblichen Gefilde dort
Sind unser Erbtheil immerfort.
Wenn wir dort sind, wenn wir dort sind,
:,: Wie süß die Ruh', wenn wir dort sind. :,:

3. Hier tragen wir das Kreuz, allein
Den Weg ging unser Herr uns vor
Und unter Spott und Hohn und Pein
Schwebt uns sein theures Bild bevor.
Wenn wir einst dort, gibt Gottes Sohn,
Für's Kreuz, uns eine Ehrenkron'.
Wenn wir einst dort, wenn wir einst dort,
:,: Uns wird die Kron', wenn wir einst dort! :,:

Die Führer der Jugend.

Mel. Kreuz und Krone.

1. Horch, wie das Wort der Liebe klingt,
Wenn dich der Mutter Arm umschlingt,
Wenn ihrer Wange Roth erglüht
Und Freude an ihr Herz dich zieht.
Fühl', wie das Herz des Vaters schlägt,
Der treulich seine Kinder pflegt,
Wie süß der Ernst des Wortes klingt,
:,: Das dir des Vaters Warnung bringt. :,:

2. Sieh, Jugend, deinen wahren Freund,
Den Lehrer, der's so redlich meint;
Nimm willig seine Lehren an,
Befolge sie auf deiner Bahn.
Und was der liebe Heiland spricht,
O Jugend, o vergiß es nicht.
Er ist der Born, das Lebensbrod,
:,: Ist dir im Unglück Schild und Hort. :,:

Bitte um ein reines Herz.

Mel. Kreuz und Krone.

1. Ein reines Herz, Herr, schaff' in mir,
Schleuß zu der Sünde Thor und Thür,
Vertreibe sie und laß nicht zu,
Daß sie in meinem Herzen ruh'.
Dir schließ ich auf des Herzens Thür',
Ach komm', und wohne Du bei mir,
Treib' all' Unreinigkeit hinaus
:,: Und mache Deinen Tempel draus. :,:

2. Laß Deines guten Geistes Licht
Und Dein hellglänzend Angesicht
Erleuchten mir Herz und Gemüth,
O Brunnen unerschöpfter Güt'!
Und mache dann mein Herz zugleich
An Himmelsgut und Segen reich,
Gieb Weisheit, Stärke und Verstand
:,: Aus Deiner milden Gnadenhand. :,:

Heimgang.

(Kann als Grablied benutzt werden.)

(L. M.)

By permission of W. B. Bradbury.

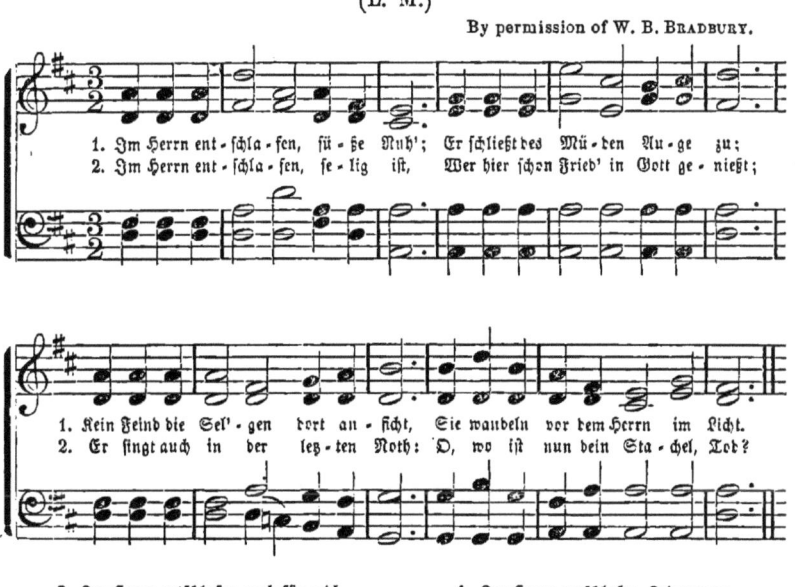

1. Im Herrn ent-schla-fen, fü-ße Ruh'; Er schließt des Mü-den Au-ge zu;
2. Im Herrn ent-schla-fen, se-lig ist, Wer hier schon Fried' in Gott ge-nießt;

1. Kein Feind die Sel'-gen dort an-ficht, Sie wandeln vor dem Herrn im Licht.
2. Er singt auch in der letz-ten Noth: O, wo ist nun dein Sta-chel, Tod?

3. Im Herrn entschlafen, auch für mich
Der Himmel einst wird öffnen sich,
Wenn ich nur treu im Glauben bin
So führt mich Gott zur Heimath hin.

4. Im Herrn entschlafen, Jedermann
Die Himmelsheimath finden kann;
O daß im Licht doch alle Welt
Möcht wandeln, wie's dem Herrn gefällt.

Das Sternenbanner.

(P. M. 11, 13, 11, 13, 11, 11, 11, 12.)

1. O! sagt, könnt ihr seh'n, in des Morgenroth's Strahl, Was so stolz wir im
Die Sterne, die Streifen, die wehend vom Wall, In dem tödt-li-chen

schei-ten-ben A-bend-roth grüß-ten?
Kampf uns den An-blick ver-füß-ten? Ja, es flatt-re die Fahn' in

herr-li-cher Pracht, Beim Leuch-ten der Bom-ben durch bun-te-le Nacht.

Chor.

O! sagt, ob das Ban-ner mit Ster-nen be-sä't,

cresc. *ff*

Ue-ber'm Lan-de der Frei-en und Bra-ven noch weht?

2. Vom Strand aus zu sehn durch die Nebel der
See,
Wo die Feindesschaar ruhet in drohendem Schweigen,
Was ist's, daß die Wind' auf befestigter Höh'
Mit so neckendem Weh'n bald verhüllen, bald zeigen?
Seht! jetzt faßt es der Sonn' hell leuchtenden Strahl,
Jetzt, scheint es vom Berge, jetzt weht's über's Thal,
Gewißlich das Banner mit Sternen besä't
Ueber'm Lande der Freien und Braven noch weht.

3. Wo Männer für Freiheit und das Vaterland
Fest vereiniget stehen, da sende von Oben
Den Kämpfern errettend die mächtige Hand.
Und die Freien, die müssen den Vater dort loben.
Unsre Sach' ist gerecht, auf Gott wir vertrau'n,
Drum sei auch die Loosung, auf Ihn wir fest bau'n,
Und siegreich das Banner mit Sternen besä't,
Ueber'm Lande der Freien und Braven noch weht.

Die Andachtszeit.
(L. M. Doppelt.)

2. O sel'ger Andacht süße Stund'!
Trag meine Bitt' zu Ihm empor,
Der liebend wartet auf mein Flehn
Und freundlich spricht: „Es soll geschehn."
Weil Er mir rufet: „Suche mich,"
So komm ich froh, der Gnad' gewiß;
:,: Wirf meine Sorg' und Last auf Ihn.
Du sel'ge Stunde, bringst Gewinn! :,:

3. Drum heil'ge Andacht, süße Zeit!
Laß mich hier Deines Trostes freu'n,
Bis bald von Pisga's lichter Höh'
Das Land ich seh und heimwärts geh;
Die Kette bricht, der Geist sich schwingt,
Wo mir die Lebenskrone winkt,
:,: Und jauchze freudig durch die Höh':
O sel'ge Stund'; adje, adje! :,:

Gesang für Jesum.

(P. M. 66, 87, 76, 77.)

By permission of PHILIP PHILLIPS.

1. Mein Gesang sei Jesu,
   Meinem Hort bereitet,
   Der mich auf meinem Pilgerweg
   Bis hieher hat geleitet.

2. Kann ich jemals fallen,
   O der mich verirren,
   So lang mein Lied für Ihn erklingt,
   Den liebevollen Hirten?

Chor.

Für Jesum helft mir singen,
Jetzt und alle Zeiten! Die-
weil Er uns erlöset,
Der Herr der Herrlichkeiten.

2. Ich will Jesum preisen,
Seinen Namen loben.
Dies soll die schönste Musik sein,
Bis ich Ihn seh' dort oben.   [Chor.

3. Ihm will ich stets singen,
Ihn auch einst anbeten,
Wenn mit der Auserwählten Zahl
Wir alle vor Ihn treten.   [Chor.

Die muthige Schaar.

(P. M. 85, 85, 66, 66.)

By permission of PHILIP PHILLIPS.

1. Wir zie - hen in den heil' - gen Krieg, Käm-pfend für den Herrn!
2. Der Haupt - mann sei Herr Je - sus Christ, Käm-pfend für den Herrn!
3. Wir strei - ten ge - gen Sünd' und Tod. Käm-pfend für den Herrn!

1. Der gnä - dig uns ver - hilft zum Sieg, Käm-pfend für den Herrn!
2. Durch die - ses Le - bens kur - ze Frist, Käm-pfend für den Herrn!
3. Zum Prei - se des Gott Ze - ba - oth, Käm-pfend für den Herrn!

Wir wir - ken, bis Er kommt, Wir wir - ken, bis Er kommt,

Wir wir - ken, bis Er kommt, Und dann ruhn wir zu Haus.

4. Am Ende unsrer Lebensbahn,
   Kämpfend für den Herrn,
   Zieh'n freudenvoll wir himmelan,
   Kämpfend für den Herrn. [Chor.

5. Und unsre Lieben stehen dort
   An dem Heimathsstrand,
   Auch Jesus winkt zum Friedensport
   An dem Heimathsstrand. [Chor.

Lob des Heilandes.

(P. M. 11, 11, 11, 11, 11, 11.)

By permission of PHILIP PHILLIPS.

1. O laßt uns den freund-li-chen Hei-land er-höhn! Ein kind-li-ches
2. Eh' wir Ihn noch kann-ten, hat Er uns ge-liebt, Und wenn uns was

Instrument.

1. Lal-len des Dan-kes ist schön! Wie dort Sel-ner En-gel hoch hei-li-ges
2. fehl-te, so hat's Ihn be-trübt. Er schen-ket uns Vä-ter und Müt-ter zur

Chor.

1. Chor, So hö-ret auch hau-ken-de Kin-der Sein Ohr.
2. Pfleg', Und Leh-rer, zu fin-den den himm-li-schen Weg. Wir ge-ben Ihm

Eh-re, weil Er uns so nah, Denn Ihm ge-bührt Eh-re und Hal-le-lu-jah!

3. Er bauet uns Schulen, zu lernen darin
Die göttliche Weisheit, den himmlischen Sinn.
Er rufet: „Ihr Kinder, kommt, höret mir zu:
So bring ich euch Alle zur seligen Ruh'."

4. Drum hält Er zum Lernen, zur Arbeit uns an.
Ein Jedes lern gerne und schaff, was es kann;
Es nahet ein Sommer, dann kommet die Ernt',
O selig, wer Gutes gesä't und gelernt!

Zur Krippe!

Mel. Lob des Heilandes.

1. Ihr Kinderlein, kommet, o kommet doch all'!
Zur Krippe her kommet in Bethlehems Stall,
Und seht, was in dieser hoch heiligen Nacht
Der Vater im Himmel für Freude uns macht.
[Chor.

2. O seht in der Krippe, im nächtlichen Stall,
Seht hier bei des Lichtleins hellglänzendem Strahl,
In reinlichen Windeln das himmlische Kind,
Viel schöner und holder, als Engel es sind.
[Chor.

3. Da liegt es, ihr Kindlein! auf Heu und auf
Stroh;
Maria und Joseph betrachten es froh;
Die redlichen Hirten knien betend davor,
Hoch oben schwebt jubelnd der Engelein Chor.
[Chor.

4. O beugt, wie die Hirten, anbetend die Knie,
Erhebet die Händlein und danket wie sie!
Stimmt freudig, ihr Kinder — wer wollt' sich nicht
freu'n!
Stimmt freudig zum Jubel der Engel mit ein.
[Chor.

5. O betet: Du liebes, Du göttliches Kind,
Was leidest Du Alles für unsere Sünd'!
Ach, hier in der Krippe schon Armuth und Noth,
Am Kreuze dort gar noch den bittersten Tod!
[Chor.

6. O nimm unsre Herzen zum Opfer denn hin;
Wir geben sie froh Dir in kindlichem Sinn.
O mache sie heilig und selig, wie Deins,
Und mach sie auf ewig mit Deinem in Eins!
[Chor.

Der große Schatz.

Mel. Lob des Heilandes.

1. Die Bibel, die Bibel, kein Schatz ist ihr gleich,
Ihr Inhalt enthüllet der Herrlichkeit Reich;
:,: Sie kündet Erlösung, sie öffnet die Thür'
Den Reichen, den Armen zur Seligkeit hier. :,:

2. Die Bibel, die Bibel, das himmlische Licht,
Das Dunkel des Lebens und Todes durchbricht,

:,: Sie mahnt uns: Sucht frühe die Perle von Werth,
Eh' Sünde und Laster die Kräfte verzehrt! :,:

3. Wort Gottes! Wort Gottes! Laut töne der
Die Thäler, die Fluren der Erde entlang! [Klang
:,: Man liest ihre Regeln auf unserm Panier,
Und hört unsre Schule froh singen von ihr.

Des Fußes Leuchte.

(P. M. 76, 75, 76, 75, 64, 65.)

1. { Got-tes Wort ist's, das ver-leiht, In dem Licht, in dem Licht, Wah-res Glück in
{ Dies al-lein gibt fe-sten Grund, In dem Licht, in dem Licht, Wenn einst kommt die

2. { Nach dem To-de bleibt die Freud', In dem Licht, in dem Licht, E-wig — ja in
{ Wenn nur Jesus bleibt mein Freund, In dem Licht, in dem Licht, Fürcht ich mich vor

Chor.

1. { die-ser Zeit; In dem Licht des Herrn. }
{ To-des-stund; In dem Licht des Herrn. } Laßt uns gehn in dem Licht Gehn

2. { E-wig-keit; In dem Licht des Herrn. }
{ kei-nem Feind. In dem Licht des Herrn. } Laßt uns gehn in dem Licht, Gehn

in dem Licht. Laßt uns gehn in dem Licht, In dem Licht des Herrn.

F

Für das Jahresfest.

(C. M. Dreifach.)

By permission of W. B. Bradbury.

Chor.

Dieß ist der Kin - der Freu - ten - fest; Drum stim - men al - le ein.

3. Hofanna, Hofanna, Hofanna!
Hofanna tön' der laute Schall
Weit über Meer und Erd',
Bis alle Welt vom Widerhall
Des Sangs erwecket werd'. [Chor.

4. Hofanna, Hofanna, Hofanna!
Hofanna tön' in Kirch' und Haus,
Hofanna nah und fern;
Und dieß soll unfre Lofung sein:
Hofanna preift den Herrn! [Chor.

Des Winters Abschied.

(P. M. 66, 88, 10.)

1. Der Win - ter ist da - hin, Hell glänzt der Au - en Grün, Hell
2. Der Mat - ten fri - scher Duft Durch - würzt die lin - de Luft; Es
3. So ist in ho - her Pracht Der jun - ge Lenz er - wacht, Und

1. glänzt des Him - mels lich - tes Blau, Die We - ste weh'n so früh - lings - lau,
2. trinkt der Son - ne gold - nen Strahl, Den Mor - gen - thau trinkt Berg und Thal,
3. laut aus ju - bel - vol - ler Brust Er - schallt der Vög - lein Lie - der - lust,

1. All - wärts, all - wärts, all - wärts die Blüm - lein blühn.
2. Im Wald, im Wald, im Wald der Kuk - kuk - ruft.
3. Daß drob, daß drob, daß drob das Her - ze lacht.

Froh sind wir beisammen.

(P. M. 11, 11, 11, 7.)

1. Froh sind wir bei-sam-men an dem heut'-gen Tag In der Sonn-tag-schul', wo
2. Durch die Woch'* bracht Er uns und sein An-ge-sicht Leuchtet uns so freundlich

1. Je-der gern sein mag, Und mit un-sern Stimmen sin-gen wir ver-eint,
2. wie das Mor-gen-licht Und der Geist, der Trö-ster, von des Va-ters Thron,

Ende. **Chor.**

1. Wie's der Herr so wohl ge-meint.
2. Bit-tet für uns durch den Sohn. } Dort sind wir frei von je-dem Feind,

Dort sind mit En-geln wir ver-eint; Gold-ne Har-fen hat dort

Je-der in der Hand, Und preist da-mit den Herrn in je-nem Land.

* das Jahr.

3. Auf dem Thron des Vaters sitzet unser Herr,
Ruft uns freundlich zu: Kommt, kommet zu mir her,
In dem Land der Sel'gen ist auch Raum für euch;
Euer ist das Himmelreich. [Chor.

4. Und in hellen Kleidern, wie der Schnee so rein,
Werden all' die Meinen immer um mich sein;
Wo in ew'ger Glorie alle werden stehn,
Und in Ewigkeit mich sehn. [Chor.

Jesus siegt!

(P. M. 88, 88, 98, 89.)

3. Nun, ihr armen Sünder alle,
Hört's, ihr seid erlöst vom Falle;
Von dem König aller Gnaden
Seid ihr herzlich eingeladen. [Chor.

4. Kommt, ach kommt zum Hochzeitssaale,
Kommt zum großen Abendmahle;
Werdet selig durch Sein Sterben,
Werdet Seines Reiches Erben. [Chor.

5. Sagt es laut, ihr Menschen, alle
Auf dem ganzen Erdenballe;
Rühmt des großen Königs Stärke,
Preiset Seiner Gnaden Werke. [Chor.

6. Und ihr Engel vor dem Throne,
Rühmt auch ihr den Menschensohne;
Durch des Himmels weite Hallen
Lasset Jesu Lob erschallen. [Chor.

Der kleine Stern.

(P. M. 77, 77.)

Mäßig.

1. Leuch-te, leuch-te, klei-ner Stern! Was du bist, das wüßt' ich gern.
2. Wenn die Son-ne nicht mehr leucht't Und das Gras vom Thau ist feucht,
3. Soll' ich dann im Dun-keln sein, Dankt' ich dir für dei-nen Schein.

1. An dem Fir-ma-ment, so rein, Prangst du wie ein E-del-stein.
2. Dann zeigt sich dein hel-les Licht, Fun-kelnd, bis zum Morgen-licht.
3. Mei-ne We-ge fänd' ich nicht, Hätt' ich nicht dein sanf-tes Licht.

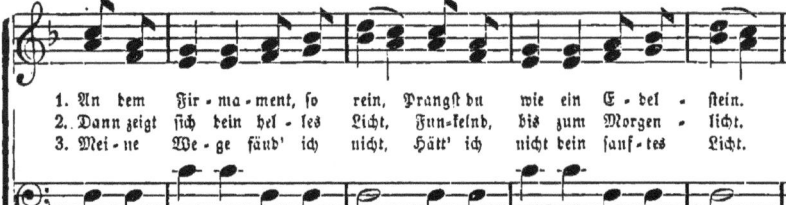

1. An dem Fir-ma-ment, so rein, Prangst du wie ein E-del-stein.
2. Dann zeigt sich dein bel-tes Licht, Fun-kelnd, bis zum Mor-gen-licht.
3. Mei-ne We-ge fänd' ich nicht, Hätt' ich nicht dein sanf-tes Licht.

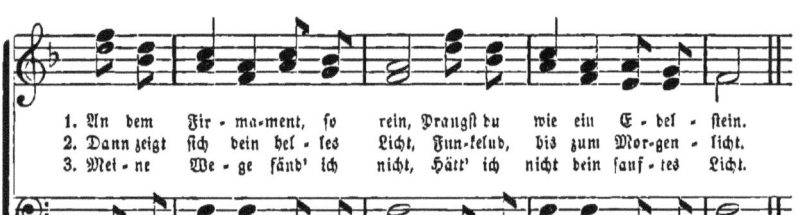

4. Auch zu meinem Kämmerlein
Blickst so freundlich du herein;
:,: Denn dein Aeuglein schließt sich nicht,
Bis die Dämmerung anbricht. :,:

5. Leuchte fort, du muntrer Stern;
Dein Erscheinen seh' ich gern.
:,: Wie dein Licht, so sanft und rein,
Möge so mein Wandel sein. :,:

Mäßigkeit.

Mel. Der kleine Stern.

1. Mäßigkeit ist schön und gut,
Wobei man ganz freudig ruht.
:,: Nüchternheit, Enthaltsamkeit
Mehren unsre Lebenszeit. :,:

2. Krankheit, Armuth, Reu' und Schmach
Folgt des Prassers Ferse nach;

:,: Und auf halb durchlaufner Bahn
Hält der strenge Tod ihn an. :,:

3. Aber Heil dem nüchtern Mann,
Der sich selbst beherrschen kann
:,: Und nie gegen die Natur
Das versucht, was schadet nur. :,:

Dankt Gott für die Bibel!

(P. M. 11, 8, 11, 9, 66.)

By permission of W. B. Bradbury.

1. Dankt Gott für die Bi - bel! sie sagt uns al - lein Von

Je - su, dem Hei - land der Welt; Wie Er sei - nen Thron dort im

D. S. Weil Er sei - nen Thron dort im

Him - mel ver - ließ, Und wie Er sich zu Sün - dern ge - sellt.

Him - mel ver - ließ, Und weil Er sich zu Sün - dern ge - sellt.

Ende.

Ende.

Chor.   D. S.

Dank und Preis Ihm nun bringt, Lob und An - be - tung singt,

D. S.

2. Sein' Segen so gern Er den Menschen verlieh'n
Und ihnen das Leben versüßt;
Er sprach: „Laßt die Kindlein doch kommen zu mir,
Sehet, solcher das Himmelreich ist."
   Ja, Er ruft für und für,
   Kinder, kommt, kommt zu mir.
Er sprach: „Laßt die Kindlein doch kommen zu mir,
Denn solcher das Himmelreich ist."

3. Dankt Gott für die Bibel! den Samen so gut
Wir streuen mit offener Hand;
Doch schätzen dies Buch nach unendlichem Werth
Kann man nur in dem himmlischen Land.
   Dort den Dank Ihm man bringt,
   Dort mit Engeln man singt,
Denn schätzen dies Buch nach unendlichem Werth
Kann man nur in dem himmlischen Land.

88

Das Schifflein.

(C. M. Doppelt.)

Gemäßigt.

3. Wir fürchten uns vor keinem Sturm,
Das Schiff ist gut gebaut,
Auch haben wir uns einem Mann
Am Steuer anvertraut:
Wenn Der gebietet Wind und Meer,
So ist es plötzlich still,
Durch alle Klippen bringet Er
Uns sicher an das Ziel.

4. O seht, das Land ist schon in Sicht,
Von Wolken zwar umhüllt;
Doch immer deutlicher erscheint
Dem Glaubensaug' sein Bild.
Bald langen wir am Perlenstrand
Erlöst und selig an,
Dann singen wir: Ja Großes hat
Der Herr an uns gethan

Frühlings-Ankunft.

Mel. Das Schifflein.

1. Der Frühling hat sich eingestellt,
Wohlan, wer will ihn sehn?
Der muß mit mir ins freie Feld,
Ins grüne Feld nun gehn,
Er hielt im Walde sich versteckt,
Daß Niemand ihn mehr sah;
Ein Böglein hat ihn aufgeweckt,
Jetzt ist er wieder da.

2. Jetzt ist der Frühling wieder da,
Ihm folgt, wohin er zieht,
Nur lauter Freude fern und nah,
Und unser muntres Lied.
Drum frisch hinaus ins freie Feld,
Ins grüne Feld hinaus!
Der Frühling hat sich eingestellt,
Wer bliebe da zu Haus?

Neujahrsgesang.

Mel. Das Schifflein.

1. Heil uns! ein Neues Jahr ist heut,
Das Alte ist dahin —
Froh fühlen wir uns Kinder heut,
Im kleinen Unschuldssinn:
Denn groß war unsers Gottes Huld,
In dem verflossnen Jahr;
Uns trug Er schonend in Geduld;
Bracht' andre auf die Bahr'.

2. Wie hat uns doch der Herr so lieb,
Daß Er uns Lehrer gibt,
Die Sorg' getragen für das Heil
Der Kinder, die Er liebt.
Wer könnte ohn' Empfindung stehn,
Wann dies wird recht bedacht?
Wer könnte dies vor Augen sehn?
Und hätte keine Acht?

3. D'rum Eltern kommt, vereint mit uns
Zu danken unserm Gott,
Der aus der Säuglinge Mund
Bereiten will Sein Lob!
Es breite dann in diesem Jahr,
Der Herr Sein Reich weit aus;
Und bringt der Tod uns auf die Bahr',
Nimm uns in's Vaters Haus.

4. Dort wohnen wir ohn' Leid und Klag',
Wenn wir sind hier recht fromm.
Dort sehn wir den schönen Tag,
Wo Christus sagt: „Nun komm,
Du treuer Knecht, geh' ein zur Freud',
Die dir bereitet ist
Dem Vater, der dir alles Leid,
In Ewigkeit versüßt."

Lob Gottes im Winter.

Mel. Das Schifflein.

1. Singt Gottes Lob im Winter auch;
Er ist so treu und gut,
Er nimmt vor Frost und Sturmeshauch
Die Saat in Seine Hut.
Er deckt sie mit dem Schnee so dicht,
So weich und sicher zu;
Sie merkt den harten Winter nicht
Und schläft in guter Ruh'.

2. O lobet Gott den Winter lang!
Er ist so treu und gut,
Und führt auch eurer Füße Gang
Und gibt euch frohen Muth;
Bescheert der Freuden mancherlei
In kalter Winterzeit,
Daß sich darob das Herz erfreu;
Lobt Ihn in Ewigkeit.

Wunsch am Neujahrstag.

Mel. Das Schifflein.

1. Ich möcht' ein junger Pilger sein,
Jesu, und folgen Dir,
Bin ich gleich schwach, und arm, und klein,
Rufst Du doch gnädig mir.
Ich möcht' im schmalen Pfade gehn
Zur schönen Himmelspfort',
Möcht' Jesum, meinen Heiland, sehn
Mit sel'gen Geistern dort.

Ich möcht' ein Kindlein Gottes sein,
Fromm und ergeben Ihm,
Gehorsam, ohne Heuchelschein,
In Allem angenehm.

2. Ich möcht' der Welt entsagen früh'
Sammt ihrem Prunk und Reiz;
Denn mir gefällt nicht ihre Müh',
Biel schöner ist das Kreuz.

3. Ist endlich dann mein Pilgern aus,
Leg' ich den Pilgerstab
Sammt meinem todten Leimenhaus
In Jesu schönes Grab.
Und wenn die Morgenstunde schlägt,
Daß ich soll auferstehn,
Wie süß mich Jesu Stimme weckt
Zum frohen Wiedersehn!

Nachtwächterlied.

(P. M. 88, 77, 88, 77.)

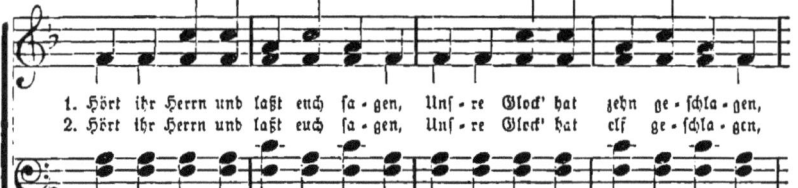

1. Hört ihr Herrn und laßt euch fa-gen, Unf-re Glock' hat zehn ge-fchla-gen,
2. Hört ihr Herrn und laßt euch fa-gen, Unf-re Glock' hat elf ge-fchla-gen,

1. Zehn Ge-bo-te fchärft Gott ein Laßt uns Ihm ge-hor-fam fein. }
2. Elf-fe treu ge-blie-ben find, We-he dem ver-lor-nen Kind. }

Chor.

Men-fchen-wa-chen kann nichts nü-ßen, Gott muß wa-chen, Gott muß fchü-ßen,

Herr, durch Dei-ne Güt' und Macht Gib uns ei-ne gu-te Nacht.

Zwölf Apostel wählt der Herr,
Zu verkünten Seine Lehr'!

Einer fitzet auf dem Thron,
Jesus Christus, Gottes Sohn.

Zweifach ist des Lebens Bahn,
Herr, zu beffern leit' uns an.

Dreimal heilig, heilig heißt
Gott der Vater, Sohn und Geist.

Vierfach ist das Ackerfeld.
Mensch, wie ist dein Herz bestellt?

Aus fünf Wunden floß das Blut
Deines Heilands dir zu gut.

Auf, ermuntert eure Sinnen!
Seht den neuen Tag beginnen!
Gott sei Dank, der uns, die Nacht
Hat fo väterlich bewacht!

Marſch der Sonntag-Schularmee.

Arrangirt für die Jugendharfe.

1. An dem ſchma-len Weg ich ſteh' Und viel tau-ſend Kin-der ſeh', Wie ſie
2. Fröh-lich zieht vor-an die Schaar, Sie weiß nichts von der Ge-fahr, Wenn auch
3. Nur vor-an im Kampf und Streit, Bald kommt die er-wünſch-te Zeit, Wo die
4. O! wie ſchön wird's ein-ſtens ſein Wenn die Kin-der zie-hen ein In das

1. froh ein-her-mar-ſchi-ren Groß und Klein. Nach dem Him-mel pil-gern ſie, Scheu-en
2. hie und da ein treu-er Schü-ler fällt. Mu-thig ſie-hen ih-re Reih'n, Wenn die
3. ſchö-nen Him-mels-tho-re ſich auf-thun! Dor-ten wer-det ihr ver-eint Mit ſo
4. Reich, das ih-nen Chri-ſtus hat be-reit'! Wo man kei-ne Thrä-nen weint, Wo man

1. kei-ne Laſt und Müh', Bis der Feind be-ſiegt und ſie er-lö-ſet ſein.
2. Fein-de ſtür-men ein, Und durch Chri-ſti Macht be-haup-ten ſie das Feld.
3. man-chem gu-ten Freund, Und an Je-ſu Bruſt könnt ihr im Frie-den ruhn.
4. Son-ne im-mer ſcheint, Und die Him-mels-mu-ſik tönt in E-wig-keit.

Chor.

Hört ihr ſie denn nicht mar-ſchi-ren! Seht die gro-ße Kin-der-

ſchi-ren, kommt und ſeht die gro-ße

ſchaar! Wie ſie vol-ler Luſt und Freud', Vol-ler

Kin-der-ſchaar!

Lieb' und Ei-nig-keit, Auf dem gu-ten Weg zum Frie-dens-lan-de ziehn.

Der Sonntag.

(P. M. 76, 76.)

Etwas langsam.

1. So fei - er - lich und ftil - le, Als beu - te nah' und fern, Sei's
2. Es tö - nen hell die Glo-cken, Sie tö - nen nah' und fern, Und
3. O fol - chem freud' - gen Ru - fe, Wer folg - te dem nicht gern? Wer

1. auch in mei-nem Her - zen, Am fchö - nen Tag des Herrn! Sei's
2. wol - len Al - le la - ben In's ho - he Haus des Herrn! Und
3. näh - me Gnad' und Lie - be Nicht gern von fei - nem Herrn? Wer

1. auch in mei - nem Her - zen Am fchö - nen Tag des Herrn!
2. wol - len Al - le la - ben Ins ho - he Haus des Herrn.
3. näh - me Gnad' und Lie - be Nicht gern von fei - nem Herrn?

4. Und fieh'! ter Glaube leitet,
Wie einft der Weifen Stern,
:,: Das Herz auf fich'rem Pfade
Hinauf zu feinem Herrn. :,:

5. Da find ihm alle Lüfte,
Der Erde Schmerzen fern:
:,: Er lebt in fel'ger Stille
Allein in feinem Herrn!

Herbft.

Mel. Der Sonntag.

1. Bald fällt von allen Zweigen
Das lezte Laub herab;
:,: Die Büfch' und Wälder fchweigen,
Die Welt ift wie ein Grab. :,:

2. Das Vöglein ift verfchwunden,
Sucht Frühling andexswo;
:,: Nur wo es den gefunden,
Da ift es wieder froh. :,:

3. Wenn auch von tiefen Zweigen
Das lezte Laub nun fällt;
:,: Wenn Büfch' und Wälder fchweigen,
Als trauerte die Welt. :,:

4. Ein Frühling kann nicht fchwinden,
O feliges Gefchick!
:,: Du kannft den Frühling finden,
Noch jeden Augenblick. :,:

5. Der Frühling grünt im Herzen,
Das kindlich gläubig küßt,
:,: Den, der mit bittern Schmerzen
Hat deine Schuld gebüßt. :,:

6. Und wer dies Frühlingskofen
Aus Gott empfunden hat,
:,: Dem werden Blumen fproffen,
Auch wenn der Winter naht. :,:

Der Sommer.
(P. M. 887, 887.)

1. Geh aus, mein Herz, und suche Freud In dieser schönen Sommerzeit An deines Gottes Gaben. Schau an der schönen Gärten Zier Und siehe, wie sie mir und dir Sich ausgeschmücket haben, Sich ausgeschmücket haben.

2. Die Bäume stehen voller Laub, Das Erdreich decket seinen Staub Mit einem grünen Kleide; Die Blümlein auf dem Wiesenplan, Die ziehen sich viel schöner an, Als Salomonis Seide, Als Salomonis Seide.

3. Die Lerche schwingt sich in die Luft, Das Täublein fleugt aus seiner Kluft Und macht sich in die Wälder; Die sangbegabte Nachtigall, Ergötzt und füllt mit ihrem Schall Berg, Hügel, Thal und Felder, Berg, Hügel, Thal und Felder.

4. Der Weizen wächset mit Gewalt,
Darüber jauchzet Jung und Alt,
Und rühmt die große Güte
Deß, der so überfließend labt
Und mit so manchem Gut begabt
Das menschliche Gemüthe.

5. Welch hohe Lust, welch heller Schein
Wird wohl in Christi Garten sein!
Wie muß es da wohl klingen,
Da so viel tausend Seraphim
Mit unverdroßner Wonnestimm
Ihr Hallelujah singen.

Grabesruhe.

(P. M. 59, 65.)

Langsam.

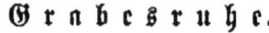

1. Im Gra - be ist Ruh'! Drum wan - ken dem trö - sten - den
2. Hier schlum - mert das Herz Be - freit von be - täu - ben - den
3. Es stil - let das Grab Der Lei - ben - ben angst - vol - les

1. Zie - le Der Lei - ten - ben vie - le So sehn - suchts - voll
2. Sor - gen, Es weckt uns kein Mor - gen Zu ir - di - schem
3. Seh - nen, Und trock - net die Thrä - nen Der Wei - nen - ten

1. zu, Der Lei - ten - ben vie - le So sehn - suchts - voll zu.
2. Schmerz. Es weckt uns kein Mor - gen Zu ir - di - schem Schmerz.
3. ab, Und trock - net die Thrä - nen Der Wei - nen - ben ab.

4. Doch, nur wer in Gott
Entschlummert, der hat nicht zu sorgen,
:,: Ihn weckt kein Morgen
Zu größerer Noth. :,:

5. Der Herr, er bescheert
Im Vaterhaus Ruhe dem Frommen,
:,: Den er hat genommen
Zu sich von der Erd'. :,:

Die Schule.

(P. M. 55, 55, 55.)

Mäßig.

1. O, wie ist es schön, in die Schu - le gehn, Und was ler - nen brinn!
2. Frühe schwing mein Herz sich hier him - mel - wärts, Wenn es Weis - heit lernt.

1. Je der Au - gen - blick wäh - ret da mein Glück, schwebt ge - nützt da - hin.
2. En - gel lie - ben mich, wenn das Bö - se sich bald von mir ent - fernt.

Wiederfehn.

(P. M. 87, 87, 87, 87.)

1. Wie=ber=fehn! Im A=benb=fchei=ne Flü=ftert's mir ein Säufeln
2. Ja nach we=nig flüch'=gen Stun=ten Seh' ich bie, bie mir ver-

1. zu; In bes Fried=hofs ftil=lem Hai=ne, Füllt es
2. wanbt, Die bem Stau=be fchon ent=fchwun=ten, Wan=beln

1. mich mit fü=fer Ruh'. Freunb=lich blin=ken hel=le Ster=ne
2. in bem bef=fern Lanb. Wie=ber=fehn in Frie=bens=hai=nen,

1. Trö=ftenb burch bie Nacht her=ab; Sie ver=kün=ben aus ber Fer=ne:
2. Werb' ich bie mir früh ent=floh'n, Unb ein e=wi=ges Ver=ei=nen

1. Wieber fehn nach Tob und Grab, Wie=ter=fehn nach Tob und Grab.
2. Ift bann bitt'=rer Trennung Lohn, Ift bann bitt'=rer Trennung Lohn.

Führ' uns Jesus.

(P. M. 87, 78, 44, 7.)

By permission of PHILIP PHILLIPS.

1. „Al - le, die mich frü - he su-chen, Sol - len fin - ben mich so - fort,
2. Wir sind schwach, sei uns - re Stär-ke; Lei - te uns auf eb' - ner Bahn.

1. Denn ich bin der Weg, die Wahrheit"—So spricht Jesus, eu - er Hort.
2. Lehr' uns in der Sanftmuth wandeln, Zieh' uns recht zu Dir hin - an.

1. Führ' uns, Je - sus, Führ' uns, Je - sus, Auf dem Weg der Wahrheit fort!
2. Nichts kann scha - den, Nichts kann scha-den, Wenn der Hei - land geht vor - an.

1. Führ' uns, Je - sus, Führ' uns, Je - sus, auf dem Weg der Wahrheit fort!
2. Nichts kann scha - den, Nichts kann scha-den, Wenn der Hei - land geht vor - an.

3. Mit der Engel Wacht beschütz' uns,
Wenn der Böse uns anficht.
Hoffnungsvoll zu Dir wir blicken,
Du bist unsre Zuversicht.
:,: Und in Trübsal,
Und in Trübsal,
Jesus, bann verlaß uns nicht! :,:

4. Wenn dann unser Ende nahet,
Uns des Todes Macht umgibt,
Laß uns dann hinübergehen,
Wo es keine Nacht mehr gibt.
:,: Dann sei ewig,
Dann sei ewig
Preis dem Lamm, das uns geliebt. :,:

Des Pilgers Sehnen.

(P. M. 64, 64, 66, 64.)

1. Wann bricht der Tag wohl an, Wann wird es sein?
2. Jetzt schon im Glau - ben ich Die Kro - ne seh,

1. Daß mein Herr Je - sus Christ Mich wird be - frei'n
2. Die Gott be - wahrt für mich; Zu ihm ich geh.

1. Von al - ler Sünd' und Noth; Wann wird der Ruf er - geh'n?
2. Möcht ich mit Wort und That Treu - lich thun mei - ne Pflicht,

1. Der mich einst bringt zu Gott, Wann wirds ge - scheh'n?
2. Und selbst auf dunk - lem Pfad, Wan - deln im Licht.

3. Jesus, sei Du mein Hort,
Mit Dir vereint
Find' ich die Himmelspfort';
Sei Du mein Freund.
Sei Du mein Sonn' und Schild.
Mein Heil und Führer Du,
Drücke mir auf Dein Bild,
Bring mich zur Ruh'.

4. O, wie sehnt sich mein Herz
Nach jener Zeit,
Wo ich bin frei von Schmerz
In Ewigkeit.
Wann wird die große Schaar
Ruhen in Canaan;
Das frohe Jubeljahr,
Wann bricht es an?

G

Mel. Bundeslied der Schüler. S. 8.

(P. M. 87, 87, 87, 87.)

1. Horch, die Morgenglocken klingen,
Kinder, kommt und säumet nicht;
Tausende Gebete schwingen
Sich empor zum Himmelslicht.
Chor: Kinder, kommt! Die Glocken klingen,
Nach der Schule eilet fort;
Laßt uns all vereinigt singen,
Und vereinigt beten dort.

2. Dies sind schöne, frohe Stunden,
Da wir uns zusammen freu'n;
Doch die Zeit ist bald verschwunden,
Laßt uns deshalb frühe sein. [Chor.

3. Laßt die Lehrer niemals warten,
Seid auf euren Plätzen gern;
Störet Niemand in der Schule
An dem heil'gen Tag des Herrn. [Chor.

4. Kinder, eilt, die Glocken klingen,
Und der Tag ist schön und klar;
Tausend jetzt vereinigt bringen
Ihre Lobgesänge dar. [Chor.

5. Und der Herr vernimmt das Singen
Dieser frommen Kinderschaar;
Dermaleinst wird Er sie bringen
Heim zum ew'gen Jubeljahr. [Chor.

Mel. Bei aller Verwirrung und Klage allhier.
Zionssänger S. 134.

(P. M. 11, 11, 11, 5, 11.)

1. O seliger Sabbath, du Tag meines Herrn!
Wie innig erfreust du mein Herz schon von fern!
Viel mehr, wenn mein Auge dein Morgenroth blickt!
Fühl ich mich beseligt, belebt und beglückt.
Preis, Preis sei gebracht
Dem Herrn, der den Sabbath für Menschen gemacht!

2. Zu eng wird die Kammer, es treibt mich hinaus,
Mit Kindern des Höchsten zu gehn in Sein Haus.
Dort lodert das Lob, wie im himmlischen Chor,
Von vielen Altären der Herzen empor!
Preis, Preis sei gebracht
Dem Herrn, der den Sabbath für Menschen gemacht.

3. Ein Bote, vom König des Friedens gesandt,
Macht Sünder mit ihrer Erlösung bekannt.
Der Geistessturm rauschet! Der Todte erwacht,
Und schmecket den Frieden, den Jesus gebracht.
Preis, Preis sei gebracht
Dem Herrn, der den Sabbath für Menschen gemacht.

4. O Sabbath! Ein herrliches Vorbild der Ruh'
Des Sabbaths auf Edens Gefilden bist du!
Und wird einst im Grabe mein Heimweh gestillt,
Dann sing ich, von himmlischer Wonne erfüllt:
Preis, Ehr', Kraft und Macht
Sei Jesu, dem Heiland der Sünder gebracht.

Mel. Die Auferstehung. S. 17.

(C. M.)

1. Es wird so hell dort in der Luft,
Und mitten in der Nacht;
Es strömt ein himmlisch-süßer Duft
Herab zur Hirtenwacht.

2. Ein unbeschreiblich schönes Lied
Ertönt von oben her;
Der Hirten Aug', wie's aufwärts sieht,
Erblickt der Engel Heer.

3. Da bliebe Keiner wohl zurück
Bei diesem Festbesuch;
Ein Kindlein lockt ihren Blick,
Gehüllt in leinen Tuch.

4. In einer Krippe liegt es da,
Ein neugebornes Kind,
Die Engel singen: Gloria!
Sing' auch du, liebes Kind!

5. Das Kindlein hat dir Gott geschenkt;
Es ist Sein eig'ner Sohn.
Ei! wer hat Ihm das Herz gelenkt
Auf Seinem hohen Thron?

6. Du glaubst es nicht, wie Er dich liebt,
Mein Kind! o freu' dich doch!
Wenn Er Sein Kostbarstes dir gibt,
Was fehlet dir denn noch?

Mel. Heimgang. S. 75.

(L. M.)

1. Die Trauer hier, der Platz nun leer,
Verkünden uns: Er (sie) ist nicht mehr;
Er (sie) wird uns nicht mehr wiedersehn,
Bis im Gericht wir mit ihm (ihr) stehn.

2. Nicht mehr die Stimm', so süß und mild,
Des Lehrers Ohr mit Wonne füllt;
Sein (ihr) Ton nicht mehr melodisch schwellt
Das Lied, das Jesu Lieb' erzählt.

3. Sein (ihr) heller Blick uns lächelt nicht,
Die zarte Form im Grabe liegt;
In tiefer Gruft, finster und kalt —
Die dunkle Nacht kein Licht durchstrahlt.

4. Gott kündet uns durch diesen Tod:
Schnell fliegt der Kinder Morgenroth;
Und mahnt uns an die ernste Pflicht,
Uns zu bereiten zum Gericht.

Mel. Heimgang. S. 75.

(L. M.)

1. Adje, ihr Brüder, lebet wohl!
Wir scheiden jetzt liebevoll.
Lebt wohl, bis wir uns wieder sehn,
Vielleicht vor Gottes Throne stehn.

2. Wie oft war Jesus uns so nah,
Daß Jeder die Bewegung sah,
Da jedes Herz vor Liebe brannt'
Und Jesu Gnadengeist empfand!

3. Wie oft war unser Geist erhöht,
Wann wir vereinigt im Gebet
Erschienen vor dem Gnadenthron,
Erhörung fanten in dem Sohn!

4. Sind wir dem Leibe nach getrennt,
So weiß ich, daß uns Jesus kennt,
Der uns auch als ein guter Hirt
Im Himmel wieder sammeln wird.

5. Dort sind wir ewiglich vereint,
Wo Niemand Abschieds-Thränen weint,
Und wo wir mit der großen Schaar
Gott dienen werden immerdar.

Mel. Kreuz und Krone. S. 74.
(L. M. Doppelt.)

1. So weiß ich nun, Gottlob, wohin?
Wenn ich nicht mehr im Leibe bin;
Mein Heiland nahm den Himmel ein,
Da soll auch meine Seele sein.
Du machest ja, verklärtes Haupt,
Die Seele selig, die Dir glaubt;
Drum ist mir auch nach dieser Zeit,
:,: Die Stätt' im Vaterhaus.bereit. :,:

2. Dein Auferstehen gilt auch mir,
Denn ich bin auferweckt mit Dir;
Dein Hingang zu des Vaters Thron
Versetzt mich in den Himmel schon.
Hört endlich mein so kurzer Lauf
Durch Müh' und Streit im Glauben auf:
Laß mich im Frieden zu Dir gehn,
:,: Bis auch der Leib wird auferstehn. :,:

Eigene Melodie. Zionssänger S. 170.
(P. M. 98, 98, 88.)

1. Der beste Freund ist in dem Himmel:
Auf Erden sind nicht Freunde viel;
Denn bei dem falschen Weltgetümmel
Steht Redlichkeit oft auf dem Spiel.
Drum hab ich's immer so gemeint:
Mein Jesus ist der beste Freund.

2. Die Welt ist gleich dem Rohr im Winde:
Mein Jesus stehet felsenfest;
Wenn ich mich ganz verlassen finde,
Mich seine Freundschaft doch nicht läßt.
In Freud' und Schmerz Er's redlich meint:
Mein Jesus ist der beste Freund.

3. Er läßt sich selber für mich tödten,
Vergießt für mich Sein theures Blut;
Er steht mir bei in allen Nöthen,
Und spricht für meine Sünde gut.
Drum hab ich's immer so gemeint:
Mein Jesus ist der beste Freund.

4. Mein Freund, der mir sein Herze giebet,
Mein Freund, der mein ist und ich Sein;
Mein Freund, der mich beständig liebet;
Mein Freund bis in den Tod hinein.
Drum hab ich's immer so gemeint,
Mein Jesus ist der beste Freund.

5. Behalte, Welt, dir deine Freunde,
Sie sind doch gar zu wandelbar;
Und hätt' ich hunderttausend Feinde,
So trümmen sie mir nicht ein Haar,
Hier immer Freund und nimmer Feind:
Mein Jesus ist der beste Freund.

Mel. Wachet auf! ruft uns die Stimme. Zionssänger S. 114.
(P. M. 998, 998, 66, 444, 8.)

1. Bringe deinem Gott, dem Größten,
Dem Weisesten, dem Allerbesten,
Mit Freuden, Seele, Preis und Dank.
Seine Majestät und Gnade,
Womit Er auf des Lebens Pfade
Dich führt, sei täglich dein Gesang.
So fordert's der Beruf,
Dazu Sein Arm dich schuf.
Seiner Aufsicht sollst du dich freun,
Ihm ganz dich weihn,
Und Herold Seines Ruhmes sein.

2. Was im Himmel und auf Erden
Nur je Sein Allmachtswort hieß werden,
Verkündigt Seine Herrlichkeit.
Ihm, Ihm jauchzen Engelchöre;
Und du, du wärest Ihm zur Ehre
Nicht auch zu Seinem Preis bereit?
Auch dir gab Seine Hand
Empfindung und Verstand,
Zu erkennen, wie groß Er ist,
Er, deß du bist,
Der huldvoll deiner nie vergißt.

3. Sollt' ich denn nicht gern Dich preisen,
Und Dir, mein Gott, den Dank erweisen,
Der Deiner Vatertreu' gebührt?
Täglich will ich Dir lobsingen
Und mich im Geiste zu Dir schwingen,
Bis mich Dein Arm zum Himmel führt.
Da liegen dann vor mir
Mehr Quellen noch als hier,
Immer offen, auf ewig Dein
Mich zu erfreun,
Und Deines Preises voll zu sein.

Eigene Melodie. Zionssänger. S. 144.
(P. M. 10, 7, 10, 7, 10, 10, 10, 7.)

1. Wir sind nur Pilger und Fremdlinge hier,
Heimwärts wir gehn, heim wir gehn,
Reisen durch Wüsten zum sel'gen Revier,
Heimwärts wir gehn, heim wir gehn.
Sind der Verfolger und Plagen auch viel,
Lockt gleich die Welt uns zum eiteln Gewühl,
Rücken wir munter doch vorwärts zum Ziel.
Heimwärts wir gehn, heim wir gehn.

2. Hinter uns lassen wir irdischen Tand,
Heimwärts wir gehn, heim wir gehn;
Richten das Antlitz zum himmlischen Land,
Heimwärts wir gehn, heim wir gehn;

Sündlichen Freuden entsagen wir gern,
Glänzt doch die Krone so herrlich von fern,
Königlich leuchtet voran und ihr Stern,
Heimwärts wir gehn, heim wir gehn.

3. Wen wir nur finden, dem rufen wir zu,
Heimwärts wir gehn, heim wir gehn.
Mit uns zu ziehen zur himmlischen Ruh',
Heimwärts wir gehn, heim wir gehn:
Kommt, arme Sünder, verwaist und gedrückt,
Kommet zu Jesu und werdet beglückt,
Werdet zum himmlischen Erbe geschickt;
Heimwärts wir gehn, heim wir gehn.

4. Bald ist vollendet die mühsame Reis',
Wir sind daheim, sind daheim;
Bald trocknet uns Jesus Thränen und Schweiß,
Wir sind daheim, sind daheim;
Bald bringt kein Klaglaut mehr in unser Ohr,
Bald sind wir selig im heiligen Chor,
Jauchzen im Zuge durch's himmlische Thor:
„Wir sind daheim, sind daheim!"

Eigene Melodie. Around the Throne of God in
Heaven; Sunday School Bell, I. S. 44.

(P. M. 86, 86, 13.)

1. Vor Gottes Thron im Himmel stehn
Viel Kinder froh und fein,
Befreit von aller Sündenschuld
Im lieblichen Verein.
Singen: Ehre, Ehre, Ehre sei Gott in der Höh'.

2. Was brachte sie in jenes Land,
Den Himmel hell und klar,
Wo nur ist Friede, Freud' und Lieb',
Und Wonne immerdar?
Singen: Ehre, Ehre, Ehre sei Gott in der Höh'.

3. Jesus vergoß für sie Sein Blut
Von Sünd' sie zu befrein;
Und diese heil'ge Liebesfluth
Machte sie weiß und rein.
Singen: Ehre, Ehre, Ehre sei Gott in der Höh'.

4. Sie suchten hier schon Gnad' und Heil
Bei Jesu, Gottes Sohn;
Jetzt sehen sie Sein Angesicht
Und stehn vor Gottes Thron;
Singen: Ehre, Ehre, Ehre sei Gott in der Höh'.

Eigene Melodie. Zionssänger S. 124.

(P. M. 66, 66, 88.)

1. Blast die Trompete, blast,
Jetzt geht das Halljahr an,
Ihr Priester Gottes, laßt
Erschall'n den Friedenston!
Das frohe Jubeljahr bricht ein,
Erlöste Sünder, kehret heim.

2. Das himmlisch Erbtheil habt
Ihr schnöde durchgebracht;
Was euch her Sünde raubt,
Hat Christus wiederbracht.
Das frohe Jubeljahr bricht ein,
Erlöste Sünder, kehret heim!

3. Der Hohepriester hat
Uns schon versühnt mit Gott;
Drum, Seele, folg dem Rath,
Er hilft dir aus der Noth.
Das frohe Jubeljahr bricht ein,
Erlöste Sünder, kehret heim!

4. Ach, preiset Gottes Lamm,
Das die Erlösung fand;
Sein Tod am Kreuzesstamm
Werd aller Welt bekannt!
Das frohe Jubeljahr bricht ein,
Erlöste Sünder, kehret heim!

5. Welch Freude wird das sein,
Wenn wir den Heiland sehn,
Wenn beide, Groß und Klein
Um Seinen Altar stehn!
Das frohe Jubeljahr bricht ein,
Erlöste Sünder, kehret heim!

Eigene Melodie. Zionssänger S. 144.

(P. M. 9, 11, 10, 10, 9, 11.)

1. Hier auf Erden bin ich ein Pilger,
Und mein Pilgern und mein Pilgern währt nicht
O laß mich ziehen zu jenen Höhen, [lang!
Wo Friedenspalmen auf ewig wehen,
Hier auf Erden bin ich ein Pilger,
Und mein Pilgern und mein Pilgern währt nicht
lang!

2. Wo die Sonne auf immer scheinet,
O, wie sehn ich, o wie sehn ich mich dahin!
Ich bin ein Wandrer in fremden Landen,
Mein Herz ist traurig, mein Geist in Banden.
Hier auf Erden ꝛc.

3. In dem Lande, zu dem ich gehe,
Mein Erlöser, mein Erlöser das Licht.
Da ist kein Kummer und kein Verderben,
Da ist kein Irrthum und auch kein Sterben.
Hier auf Erden ꝛc.

4. Lebt wohl, ihr Brüder, lebt wohl, ihr Schwestern,
Unser Pilgern, unser Pilgern ist bald aus.
Wir sehn uns wieder nach kurzem Scheiden,
Wo goldne Kronen ewiglich leuchten.
Hier auf Erden ꝛc.

Eigene Melodie. Zionssänger S. 155.

(P. M. 34, 6, 99, 7.)

1. Stille Nacht! Heilige Nacht!
Land und Meer ruht umher,
Durch gebrochene Wolken von fern
Glänzt der das Heil verkündende Stern,
:,: Wo der Erlöser erschien. :,:

2. Stille Nacht! Heilige Nacht!
Hell und klar singt die Schaar
Himmlischer Boten auf schweigendem Feld,
Bringen die Kunde der schlummernden Welt:
:,: Jesus, der Heiland, ist da!" :,:

3. Stille Nacht! Heilige Nacht!
Erd', erwach' aus dem Schlaf,
Hoch ertön' in melodischem Klang,
Hoch zum Himmel kein Jubelgesang:
:,: Friede auf immer der Welt! :,:

Mel. Der Wunsch. S. 28.
(P. M. 76, 76, 76, 76.)

1. Von Grönlands Eisgestaden,
Von Indiens Perlenstrand,
Von Peru's goldnen Pfaden,
Vom dunkeln Mohrenland:
Von weitentlegnen Strömen
Und palmenreicher Flur
Ertönt der Ruf: „Ach kämen
Die Boten Jesu nur!"

2. Ob auch gewürzte Winde
Auf Ceylons Insel wehn,
Der Mensch ist todt in Sünden
Und muß verloren gehn.
Umsonst sind Gottes Gaben
So reichlich ausgestreut;
Die Heiden sind begraben
In Nacht und Dunkelheit.

3. Wir, denen treue Hirten
Und Gottes Wort verliehn,
Wir sollten den Verirrten
Das Lebenslicht entziehn?
Nein, nein! Das Heil im Sohne
Sei laut und froh bezeugt;
Bis sich vor Christi Throne
Der fernste Volksstamm beugt.

4. Ihr Winde, weht die Wahrheit,
Ihr Wasser, tragt sie fort,
Bis wie ein Meer voll Klarheit
Sie fülle jeden Ort;
Bis der versöhnten Erde
Das Lamm, der Sünderfreund,
Der Hirt und Herr der Heerde
In Herrlichkeit erscheint.

Mel. Der beste Kinderfreund. S. 5.
(C. M. Doppelt.)

1. Nun ist der Unterricht vorbei,
Die Stunden sind dahin;
Gesagt ist uns, was Unrecht sei,
Auch was des Guten Sinn.

2. Wie treulich sorgen Lehrer doch,
Daß wir es möchten sehn,
Was unserm Thun wird folgen noch,
Und Alles recht verstehn.

3. Gib, daß wir ihnen Freude sind,
Als Lohn für ihre Müh';
O Gott! mach' uns recht fromm gesinnt,
Wie sie es wünschen, hie.

4. Gott, lohne ihren treuen Fleiß,
In jener großen Stadt,
Jerusalem genannt, wo Schweiß,
Und Leid ein Ende hat.

Mel. Des Pilgers Sehnen. S. 97.
(P. M. 64, 64, 66, 64.)

1. Bin nur ein Pilgrim hier,
Gott ist mein Trost,
Oed' ist die Erde mir,
Gott ist mein Trost;
Trübsal und Fährlichkeit
Seh ich auf jeder Seit',
Gott ist mir Seligkeit,
Gott ist mein Trost.

2. Ob auch die Stürme wehn,
Gott ist mein Trost.
Möcht bald zum Heiland gehn,
Gott ist mein Trost.
Winter und Sturm vergeht,
Wenn Gott zur Seite steht,
Sein Athem mich umweht,
Gott ist mein Trost.

3. Dort an des Heilands Seit',
Gott ist mein Trost,
Ist keine Traurigkeit;
Gott ist mein Trost.
Dort sind die Guten All',
Die der Herr allzumal
Rief aus dem Jammerthal,
Gott ist mein Trost.

Mel. Des Pilgers Sehnen. S. 97.
(P. M. 64, 64, 66, 64.)

1. Näher, mein Gott, zu Dir,
Näher zu Dir!
Thränt auch mein Auge hier,
Näher zu Dir.
Trotz aller Angst und Pein
Soll dies die Losung sein:
Näher, mein Gott, zu Dir,
Näher zu Dir!

2. Bricht mir wie Jakob dort
Nacht auch herein,
Find ich zum Ruheport
Nur einen Stein:
Ist doch im Traum allhier
Mein Sehnen für und für,
Näher, mein Gott, zu Dir,
Näher zu Dir!

3. Wohl geht's durch wildes Land,
Der Weg ist steil;
Doch was von Dir gesandt,
Dient mir zum Heil.
Daß ich mich nicht verirr,
Rufen die Engel mir:
Näher, mein Gott, zu Dir,
Näher zu Dir! —

4. Wenn dann die Nacht verschwind't,
Sonne mir scheint,
Und ich Dich näher find,
Als ich gemeint,
Bau ich mein Bethel Dir
Und jauchze freudig hier:
Näher, mein Gott, zu Dir,
Näher zu Dir!

·5. Drum sende, was Du willt
Im Leben hier,
Wird nur mein Wunsch erfüllt:
„Näher zu Dir!"
Und schließt mein Pilgerlauf,
Schwing ich mich freudig auf.
Näher, mein Gott, zu Dir,
Näher zu Dir!

Eigene Melodie. Zionssänger S. 164.
(P. M. 10, 10, 10, 10, 10, 10, 10, 10.)

1. Freudenvoll, freudenvoll walle ich fort,
Hin zu dem Lande der Seligen dort;
Land der Verheißung, wie lieblich bist du,
End' meiner Pilgerschaft, selige Ruh'.
Chöre der Engel, mit fröhlichem Reim,
Singen entgegen mir, holen mich heim.
Freudenvoll zieh ich mein Pilgerkleid aus,
Freudenvoll, freudenvoll eilend nach Haus.

2. Lehrer und Schüler sind vor euch schon dort,
Warten und zeigen den himmlischen Ort;
Glücklich vollendet, sie zogen voran,
Warten am Ufer, auch mich zu empfahn.
Höret! Sie singen so süß in mein Ohr,
Winken ja freundlich mich zu sich empor.
Werfe ich Anker am herrlichen Strand,
Freudenvoll jauchz ich: O seliges Land!

3. Streckst du, o Tod, mich ins düstere Grab,
Haue zu, Mörder, mich schreckt nicht dein Stab,
Jesus, der Held, hat die Macht dir geraubt.
Selig, o selig ist, wer an Ihn glaubt!
Hell wird der Morgen der Ewigkeit graun,
Hell wird mein Auge die Krone einst schaun;
Schmiegend an Jesu Brust, ruhe ich aus,
Freudenvoll, freudenvoll, selig zu Haus.

Mel. Der beste Kinderfreund. S. 5.
(C. M. Doppelt.)

1. Gen Himmel schied der Herr hinauf,
Des Gottes-Thrones werth.
Wie? Gibt Er denn Sein Häuflein auf?
Verläßt Er Seine Heerd'?
Nein, spricht Er, ihr sollt nicht verwaist.
Sollt nicht verlassen sein!
Es soll an meiner Statt der Geist
Mein Stellvertreter sein.

2. Soll euch erinnern an das Wort,
Das ihr von mir gehört;
Soll euch erklären jedes Wort,
Das ich euch hier gelehrt.
In alle Wahrheit leitet Er
Euch unbetrüglich ein;
Läßt euch nicht irren in der Lehr',
Hält Wort und Glauben rein.

Mel. Zionssänger. S. 80.
(P. M. 78, 78, 88.)

Unsern Ausgang segne Gott,
Unsern Eingang gleichermaßen:
Segne unser täglich Brod,
Segne unser Thun und Lassen;
Segne uns mit sel'gem Sterben
Und mach uns zu Himmelserben!

Eigene Melodie. Zionssänger S. 69.
(P. M. 87, 87, 4, 7.)

Herr, entlaß uns mit dem Segen,
Den Du uns verheißen hast;
Führ auf Deinen Liebeswegen,
Außer Dir ist keine Rast.
O erquick uns!
O erquick uns!
Arme Pilger dieser Welt,
Arme Pilger dieser Welt.

Inhalt.

Alphabetisches Register.

Metrisches Register.*

* Diejenigen Versmaße, die nur einmal vorkommen, sind hier nicht aufgezählt.